Basiswissen

Politik / Geschichte / Ökonomie

Guido Speckmann / Gerd Wiegel

Faschismus

PapyRossa Verlag

2, aktualisierte Auflage 2021

Luxemburger Str. 202, D-50937 Köln
Tel.: +49 (0) 221 – 44 85 45
Fax: +49 (0) 221 – 44 43 05
E-Mail: mail@papyrossa.de
Internet: www.papyrossa.de

Umschlag: Willi Hölzel, Lux siebenzwoplus
Druck: Interpress

Die Deutsche Bibliothek verzeichnet diese Publikation in der Deutschen Nationalbibliografie; detaillierte bibliografische Daten sind im Internet über http://dnb.ddb.de abrufbar

ISBN 978-3-89438-473-9

Inhalt

Einleitung

Wiederbelebung der Faschismusdiskussion?

Nicht nur für seine historische Einschätzung, sondern auch für die Analyse seines möglicherweise gegenwärtigen Potenzials sind Fragen nach Voraussetzung und Wesen des Faschismus von fundamentaler Bedeutung. Angesichts der krisenhaften Entwicklung des globalen Kapitalismus, der zunehmenden Aushöhlung der parlamentarischen Demokratie und der demokratischen Rechte, angesichts autoritärer und gewalttätiger Entwicklungen der internationalen Beziehungen, einer verstärkten Ethnisierung der sozialen Frage und eines sich ausbreitenden religiösen Fundamentalismus ist das Faschismusproblem nicht nur ein akademisches. Nicht zuletzt die Erfolge von Parteien der extremen Rechten und des Rechtspopulismus in Europa verleihen ihm seine Aktualität.

In Deutschland hat es die Faschismusdiskussion schwer, steht sie doch von verschiedenen Seiten unter Verdacht, ein falsches oder verkürztes Bild der nationalsozialistischen Herrschaft zu zeichnen. Während auf konservativer Seite vor allem der von Faschismustheoretikern hervorgehobene Zusammenhang des Faschismus mit der bürgerlichen Gesellschaft und seine enge Verbindung mit dem kapitalistischen

Wirtschaftssystem bestritten werden, wird von verschiedenen linken und liberalen Kritikern behauptet, der Faschismusbegriff beinhalte eine Verharmlosung des Holocaust, weil mit ihm die Spezifik und der Kern des Nationalsozialismus aus dem Blick gerieten.

Ohne jeden Zweifel gab und gibt es Verkürzungen und Entdifferenzierungen in der Faschismusdiskussion. Die vor allem in den realsozialistischen Staaten vorherrschende und nur vorsichtig weiterentwickelte Definition des Faschismus an der Macht als Diktatur »der reaktionärsten, am meisten chauvinistischen, am meisten imperialistischen Elemente des Finanzkapitals«, wie sie von der Kommunistischen Internationale bereits im Dezember 1933 entwickelt und von Georgi Dimitroff 1935 wiederholt wurde, hat es Kritikern des Faschismusbegriffs zu einfach gemacht. Dies ist – und das soll dieser Band belegen – jedoch noch lange kein Grund, den Faschismusbegriff generell zu verwerfen oder ihn lediglich als linken ideologischen Kampfbegriff zu betrachten. Wer sich die Diskussion außerhalb Deutschlands, insbesondere in England und den USA, ansieht, wird schnell feststellen, dass es sich bei der Faschismusdebatte um eine äußerst differenzierte wissenschaftliche Diskussion handelt.

Der vorliegende Band kann nur einen begrenzten Einblick in diese Debatten ermöglichen. Sie will vor allem linke, materialistisch argumentierende Ansätze der historischen Faschismusdebatte vorstellen und sie, soweit das möglich ist, am historischen Gegenstand selbst prüfen.

Mit Blick auf die historische Erfahrung der Faschismusdiskussion sind für uns solche Ansätze von besonderer Bedeutung, die einer relativen Eigenständigkeit faschistischer Politik und Ideologie vor und nach der Übernahme der Macht ein besonderes Gewicht einräumen, ohne dabei die herrschaftsstabilisierende Rolle und Funktion des Faschismus für Kapitalismus und herrschende Klasse zu negieren. Denn der Faschismus bewahrte nach unserer Ansicht eine relative Autonomie auch nach der Machtübertragung. In seiner dynamischsten und radikalsten Variante – in Deutschland – dominierte er seine ursprünglichen Bündnispartner später deutlich, so dass das Bild des Zauberlehrlings, der die gerufenen Geister nicht mehr loswurde, hier eher die Realität trifft als die Vorstellung von faschistischen Marionetten – wenngleich die Interessenübereinstimmung damit nicht beendet war. Spätestens Ende der 1930er Jahre nämlich hatte die Bourgeoisie in Deutschland die alleinige Macht darüber verloren, den faschistischen Erfüllungsgehilfen auch wieder loszuwerden, wennschon sie auch erstaunlich wenig Versuche dazu unternahm.

Für eine Forschung, die im Faschismus eine Machtoption der herrschenden Klasse zur Stabilisierung des Kapitalismus sieht, ist die Frage nach dessen gegenwärtigem Potenzial von Interesse. Sie gewinnt mit zunehmender Verschärfung der sozialen Frage im globalen Maßstab und dem Aufstieg einer extremen Rechten in Europa an Gewicht. Ist der Faschismus angesichts der globalen Verflechtung des Kapitals heute noch eine mögliche Option? Und wenn ja, in welcher Form? Welche Bedeutung hat der zunehmende Rassismus in den europäischen Gesellschaften für die Parteien der extremen Rechten und ihre mögliche Beteiligung an der politischen Macht? Welche Funktion haben faschistische Politikangebote auch jenseits einer realen Machtoption? Wie könnte eine moderne faschistische Variante heute aussehen und welche Anknüpfungspunkte zu Konservatismus und Neoliberalismus sind hier vorhanden? Mit diesen Fragen sind nur wenige der zukünftigen Arbeitsfelder einer historisch orientierten kritischen Sozialwissenschaft benannt, die die Erfahrung des Faschismus zum Ausgangspunkt ihrer Arbeiten macht.

In drei Teilen wollen wir im Folgenden Basiswissen zum Faschismusthema vermitteln, wobei allein die gebotene Kürze der Darstellung dazu zwingt, manches an historischen Fakten vorauszusetzen. Historische und gegenwärtige Faschismusdeutungen, vornehmlich aus linker Perspektive, stellen wir im ersten Teil vor, wobei der aus marxistischer Sicht zentralen Frage nach dem Verhältnis von Faschismus und Kapitalismus noch einmal gesondert nachgegangen wird. Hier wird es auch um die in früheren linken Faschismusdeutungen häufig vernachlässigte Einordnung von Rassismus und Antisemitismus gehen. Schließlich wollen wir zentrale Elemente des Faschismus benennen, die für eine Definition unerlässlich sind. Im zweiten Teil soll die Tragfähigkeit der theoretischen Konzepte an einem knappen Abriss der Geschichte des historischen Faschismus überprüft werden. Schwerpunkte sind hier die Entwicklungen in Italien und Deutschland, die durch einen kurzen Blick auf faschistische Bewegungen und Regime in Ost- und Westeuropa ergänzt werden. Schließlich wollen wir im dritten Teil der Frage nachgehen, ob und in Bezug worauf heute von Faschismus gesprochen werden kann.

I. Theorie

1. Faschismus als Ideologie und Bewegung

Wenn vom Faschismus die Rede ist, dann lassen sich mindestens drei Phasen seiner Geschichte analytisch voneinander trennen: Erstens die Herausbildung einer spezifisch faschistischen Ideologie – nicht im Sinne einer geschlossenen und konsistenten politischen Weltanschauung, sondern als Konglomerat unterschiedlicher ideologischer Bezugsquellen, die sich zu einem politischen Ideengeflecht entwickelten, das schließlich in der Lage war, im Marxschen Sinne die Massen zu ergreifen. Zweitens die Entstehung einer politischen Bewegung, die sich in Italien selbst als faschistisch bezeichnete und damit den Gattungsnamen für jene politische Ausrichtung vorgab, die zumindest für die erste Hälfte des 20. Jahrhunderts von welthistorischer Bedeutung war. Und drittens der Faschismus an der Macht, wie wir ihn in Italien und Deutschland, zwar in unterschiedlichen Varianten, aber voll ausgeprägt, und in zahlreichen anderen europäischen Ländern in Ansätzen im 20. Jahrhundert vorfinden. Für die Untersuchung des Faschismus als historisches Epochenphänomen und als gegenwärtige politische Ideologie ist die Analyse aller drei Phasen von Bedeutung.

Wenn von ausgeprägten Formen des Faschismus nur in Italien und Deutschland die Rede sein kann, so liegt die Vermutung nahe, dass die Entstehung der faschistischen Ideologie ihre Ursachen und inhaltlichen Bezugsquellen in der gesellschaftspolitischen und ideologischen Geschichte dieser Länder hat, ohne indes hierauf beschränkt zu sein. Als Antwort auf die Frage, warum der Faschismus vor allem in diesen beiden Ländern zur tendenziell unumschränkten Macht gelangen konnte, wird häufig auf die spezifische politische Situation und die Gemeinsamkeiten beider Länder zu Beginn des 20. Jahrhunderts verwiesen. Im Gegensatz zu zahlreichen (west-)europäischen Nachbarländern gelangten Italien und Deutschland erst spät zu einem einheitlichen Nationalstaat (1861 bzw. 1871), was für beide Länder einen Nachteil angesichts der kapitalistischen Konkurrenz der Nationalstaaten und ihres Wettrennens um die koloniale Aufteilung der Welt in der Hochphase des Imperialismus bedeutete. Gleichzeitig bildeten sich politische Institutionen aus, die kaum von demokratischen Traditionen geprägt wurden. Die besondere Aggressivität und der Expansionsdrang Italiens und Deutschlands, wie er sich im Ersten Weltkrieg, aber auch später im Faschismus zeigte, wird etwa Franz Neumann zufolge auf diese Situation als verspätete Nationen zurückgeführt:[1] Während Deutsches Reich und deutsches Kapital durch die Niederlage 1918 in der Expansion zur europäischen Vormacht gebremst waren und somit auf die – sich mit dem Faschismus schließlich bietende – Möglichkeit der erneuten Expansion warteten, war Italien zwar formal Teil der siegreichen Entente, sah

1 Vgl. bezogen auf Deutschland die Unterscheidung des »Imperialismus der saturierten Mächte« und der »Habenichtse« bei Franz Neumann, Behemoth. Struktur und Praxis des Nationalsozialismus 1933–1944, Frankfurt a. M. 1993, S. 250 ff.

sich aber für seine Beteiligung am Krieg nicht angemessen entlohnt. Der Nationalismus als zentraler Bezugspunkt und Mobilisierungsideologie des Imperialismus fand sich sowohl in Italien als auch in Deutschland in einer besonders aggressiven Variante.

Dennoch ist es wichtig, auch die Unterschiede zu benennen, die zwischen Italien und Deutschland vor allem hinsichtlich des kapitalistischen Entwicklungsniveaus bestanden. Italien lag, was seine industrielle Produktion anbelangte, zu Beginn des Ersten Weltkriegs weit hinter den führenden Staaten Deutschland, England und Frankreich zurück. Nur im Norden des Landes hatte sich eine durchgreifende industriekapitalistische Entwicklung vollzogen, die allerdings sehr schnell einen hohen Monopolisierungsgrad erreichte. Deutschland hingegen hatte zwischen 1871 (Erlangung der nationalen Einheit) und 1914 die führenden europäischen Konkurrenzmächte eingeholt – und überholt. Während also Deutschland auf dem Weg zu einer kapitalistischen Großmacht war, kann für Italien nur in Bezug auf den Norden von einem aufstrebenden, und auf Expansion seiner äußeren Märkte drängenden, Kapitalismus gesprochen werden.

Elemente faschistischer Ideologie

Die ideologischen Vorstellungen und Strömungen zu Beginn des 20. Jahrhunderts – verstanden als Ausdruck der materiellen Grundlagen der Gesellschaften – zeigen die Widersprüche, Gemeinsamkeiten und Differenzen, aus denen schließlich die Versatzstücke der faschistischen Ideologie entstanden.

Auch hier lassen sich Gemeinsamkeiten zwischen Italien und Deutschland feststellen, wiewohl diese Bezugspunkte faschistischer Ideologie keineswegs auf diese Länder beschränkt waren. Daraus wird ersichtlich, dass erst die materiellen politischen Voraussetzungen den politischen Vorstellungen zu Wirksamkeit verhelfen konnten.

Obwohl der Faschismus nur mit Hilfe des bürgerlichen Konservatismus und der gesellschaftlichen Eliten an die Macht gelangen und der Faschismus an der Macht ohne die maßgeblichen Fraktionen der herrschenden Klasse als Bündnispartner nicht auskommen konnte, so darf diese Einordnung nicht darüber hinwegtäuschen, dass seine ideologischen Anknüpfungspunkte vielfältiger sind, als es seine spätere politische Funktion war. Dies ist deshalb von Relevanz, weil der Faschismus als Massenphänomen Attraktivität auch für diejenigen entfalten musste, die nicht zu den Profiteuren seiner konkreten Politik werden konnten. Fragt man nach den ideologischen und geistesgeschichtlichen Voraussetzungen des Faschismus, dann ergibt sich daraus die Frage, ob es ein eigenständiges faschistisches Denken gibt, und wenn ja, woher es stammt und was seine Bezugspunkte sind. Zwar wurde der Faschismus später zu einem Verbündeten des Konservatismus, doch sollte dies nicht die gravierenden Differenzen verschleiern, die zwischen beiden existierten. Auffällig am Faschismus sind sein Bewegungselement (der Bezug auf die Massen) und seine schein-revolutionäre Rhetorik, aufgrund derer er sich stark vom Konservatismus unterschied.

Der israelische Historiker Zeev Sternhell sucht in seinen Arbeiten nach den »linken« Elementen des Faschismus, die er in einer spezifischen Umdeutung des Marxismus ausmacht (Sternhell 1999).[2] Die faschistische Ideologie, deren Entste-

2 Sternhell verwendet einen eingeschränkten Faschismusbegriff und sieht den Nationalsozialismus hiervon deutlich unterschieden – eine Definition, die in dieser Arbeit nicht geteilt wird. Dennoch sind Sternhells Überlegungen für die Grundlagen faschistischer Ideologie anregend und wichtig.

hung er auf das erste Jahrzehnt des 20. Jahrhunderts datiert, sei in Italien vor allem eine Verschmelzung des Nationalismus mit einer antimaterialistischen Revision des Marxismus gewesen. Diese antimaterialistische Revision habe als wesentliches Element die Ablehnung der rationalistischen Moderne des 17. und 18. Jahrhunderts und damit die Negierung entscheidender Teile der Aufklärung beinhaltet und sei als kollektivistisch, antiindividualistisch und antirationalistisch zu beschreiben (vgl. ebd.: 17 f.). An die Stelle des Marxismus, insbesondere seines ökonomischen Gehalts, rückte laut Sternhell der Nationalismus, verbunden mit einer Ideologie der Gewalt, die zu einer wichtigen Grundlage des Faschismus geworden sei. Die Arbeiterklasse als revolutionäres Subjekt der gesellschaftlichen Veränderung sei durch die Nation ersetzt worden, verknüpft mit einer nationalistischen Gemeinschaftsideologie und dem unbedingten Festhalten am Privateigentum. Im nationalistisch umgeformten, sich aber weiterhin revolutionär gebenden Syndikalismus sieht Sternhell einen Ursprung der faschistischen Ideologie, womit er deren auch linke, jedoch ihres ursprünglichen Inhalts beraubten Versatzstücke thematisiert. Dieser Aspekt ist insofern bedeutsam, weil es in der Tat eine Reihe sich als links verstehender Anhänger in allen faschistischen Bewegungen gab. Mussolini kam ursprünglich aus der sozialistischen Linken mit ihrer Theorie des Klassenkampfs und des Internationalismus, die bei ihm jedoch bald durch eine Elitentheorie und den Nationalismus ersetzt wurde. Auch im deutschen Faschismus spielte diese »linke« Variante eine Rolle, wie am Strasser-Flügel der Nationalsozialistischen Deutschen Arbeiterpartei (NSDAP) deutlich wird (vgl. Kühnl 1966). Sternhell sieht mit Blick auf Italien den Faschismus erst 1920 eindeutig nach rechts kippen, wobei er hier eine problematische Verwendung der Begriffe rechts und links hat.

Für die Frage der Attraktivität der faschistischen Ideologie und auch angesichts der Konkurrenz zur sozialistischen Arbeiterbewegung ist diese »linke« Komponente faschistischer Ideologie von Bedeutung. Dennoch wäre es falsch, den Faschismus als ein Resultat einer, wie auch immer verdrehten, linken geistespolitischen Entwicklung zu charakterisieren. Dafür spielen bei Sternhell die aus dem ideologischen Reservoir der Rechten stammenden Versatzstücke faschistischer Ideologie eine zu große Rolle. So werden auch bei ihm der Nationalismus und eine an der Nation orientierte und damit tendenziell rassistische Gemeinschaftsideologie sowie ein antirationalistisches bzw. antiaufklärerisches Weltbild angeführt.

In diese Richtung argumentiert auch der marxistische Politikwissenschaftler und Faschismusforscher Reinhard Kühnl, der sechs Grundmotive der faschistischen Ideologie, die deren Eigentümlichkeit und Wirksamkeit ausmachen, benennt:

(1.) Gemeinschaft als ideologische, nationalistische Überformung der gesellschaftlichen und klassenmäßigen Gegensätze (im deutschen Faschismus die Volksgemeinschaft);

(2.) das Führerprinzip, verknüpft mit Autoritarismus, Elitentheorie und einer generellen Ideologie der Ungleichheit;

(3.) das Festhalten am Privateigentum, ideologisch verbunden vor allem mit den kleinen und mittleren Unternehmen, also den Mittelschichten;

(4.) gleichzeitig Antikapitalismus in einer spezifischen Ausformung, die sich verbal gegen Großkonzerne, gegen das »anonyme« Großkapital und das »internationale«, sprich jüdische, Kapital richtet;

(5.) eine »Sündenbockphilosophie«, in der mit Hilfe von Rassismus und Antisemitismus Schuldige für individuelle und kollektive Krisen angeboten und dem »Volkszorn« preisgegeben werden;

(6.) Militarismus und Imperialismus, verwoben mit Elementen des Sozialdarwinismus, die die Grundlage für die Aggressions- und Kriegspolitik des Faschismus bilden. (Kühnl 1971: 84ff.)

Kühnl verortet damit den Faschismus in der Tradition der konservativen Ideologie, deren Weltanschauung darauf beruht, »daß die geschichtlich gewordenen und folglich veränderbaren gesellschaftlichen Verhältnisse als naturgegeben und folglich unabänderlich dargestellt werden.« (Ebd.: 97) Während für Sternhell die Ursprünge des faschistischen Denkens in Italien auch linke Wurzeln haben, überwiegt in Deutschland von Anfang an die konservative Komponente deutlicher. Die sogenannte »konservative Revolution« und ihre Vertreter gelten hier mindestens als Wegbereiter des Faschismus. Mit der Wendung gegen Materialismus, Individualismus, Liberalismus und Demokratie und deren Ersetzung durch Nationalismus, Gemeinschaft und Elite finden sich auf der Rechten in Deutschland eben jene Versatzstücke faschistischer Ideologie, die Sternhell auch für Italien diagnostiziert (vgl. Lenk 1989: 105ff.). Zentral ist dabei die von Kühnl angeführte Naturalisierung gesellschaftlicher Verhältnisse, zu der auch ein militanter Männlichkeitskult, verbunden mit radikalem Antifeminismus, gehört und die ihre Wurzeln in der Ablehnung der Aufklärung und dem Rationalismus hat. Dies wurde, wie Sternhell ausführt, auch von faschistischen Intellektuellen so gesehen. Er verdeutlicht dies mit folgender Aussage des Philosophieprofessors und Gentile-Schülers Camillo Pellizzi: »Der Faschismus ist die praktische Verneinung des historischen Materialismus und mehr noch die Absage an den demokratischen Individualismus, den Rationalismus der Aufklärung, er proklamiert die Prinzipien der Tradition, der Hierarchie, der Autorität, des persönlichen Opfers für ein historisches Ideal. Er ist die praktische Verkörperung der geistigen und geschichtlichen Persönlichkeit (...) im Gegensatz zur Vernunft des abstrakten und empirischen Individualismus der Aufklärung, der Positivisten und Utilitaristen.« (Zit. n. Sternhell 1999: 288) Aus diesem Grund sieht Sternhell im Antirationalismus bis heute ein Alarmsignal für die Gefahr des Faschismus: »Wenn der Antirationalismus zu einem politischen Werkzeug wird, zu einem Mittel für die Mobilisierung der Massen und zu einer Waffe gegen den Liberalismus, den Marxismus und die Demokratie, wenn er mit einem starken Kulturpessimismus, einem ausgeprägten Kult der Gewalt und der aktivistischen Eliten einhergeht, dann führt er zwangsläufig zu faschistischem Denken.« (Ebd.: 318)

Von der Ideologie zur Bewegung

Für die Analyse des Faschismus ist es wichtig, die Verbindung seiner Ideologie mit der Entwicklung seiner Bewegung zu vergleichen, um vor allem die Punkte benennen zu können, die als gemeinsame Kennzeichen faschistischer Bewegungen generell anzusehen sind.

Als wichtigste Merkmale der faschistischen Bewegungen in Italien und Deutschland können die Ausrichtung der faschistischen Partei auf einen häufig als charismatisch beschriebenen Führer, der Aufbau einer aggressiven und gewalttätigen, militärisch organisierten Parteimiliz, die Ausrichtung als formal klassenübergreifende Massenbewegung, der Terror gegen alle Organisationen der Arbeiterbewegung, die aggressive Absage an jedwede Form von Klassenkampf sowie der rassistisch bzw. antisemitisch grundierte Appell an die Nation angesehen werden. Diese Elemente faschistischer Bewegungen nehmen entscheidende Punkte der Ideologie auf, wie die Vorstellung einer (auch rassistisch) begründeten Elite, der als homogen vorgestellten Nation und den im ständigen Kampf zum Ausdruck kommenden Sozialdarwinismus. Während die militante Wendung gegen die Arbeiterbewegung, an erster Stelle die Kommunisten, allen Faschismen gemeinsam ist, kommt in Deutschland von Anfang an der Antisemitismus als universelle Erklärung für alle Krisen und Probleme der Gesellschaft hinzu – womit die Gewalt der Bewegung ein weiteres Ziel findet. Die Ablehnung von Sozialismus, Liberalismus und Demokratie speist sich aus der Identifizierung dieser Prinzipien mit der Aufklärung und den Idealen der Französischen Revolution von 1789. Deren Ergebnisse sollen der faschistischen Ideologie gemäß rückgängig gemacht werden. Insofern basiert der Massencharakter des Faschismus in Wahrheit auf einer Verachtung der Massen, die nur als akklamierendes und lenkbares Objekt, nicht aber als eigenständiger Akteur der Politik akzeptiert werden.

Während der Weg der faschistischen Bewegungen von ihren Anfängen bis zur Machterlangung im zweiten Teil beschrieben wird, gilt es hier Folgendes festzuhalten: Die beschriebenen Elemente des Faschismus konnten nur in der spezifischen historischen Situation der fundamentalen Krise des Kapitalismus nach dem Ersten Weltkrieg auf eine solch breite Resonanz treffen. Des Weiteren konnte der Weg zur Macht für den Faschismus nur aufgrund seiner Fähigkeit, die Unzufriedenheit der Massen zu kanalisieren und die Stabilität der ökonomischen Grundlage des kapitalistischen Systems – des Privateigentums – zu garantieren, erfolgen.

Um den Fallstricken eines verkürzt-marxistischen Begriffs zu entgehen, scheint es uns notwendig, den Faschismus als relativ eigenständiges politisches Phänomen – als Ideologie, Bewegung und Herrschaftssystem – zu analysieren und eben nicht ausschließlich als Instrument in den Händen der herrschenden Klasse. Entstehung, Aufstieg und Macht des Faschismus sind nur aus den konkreten historischen Umständen erklärbar. Dass er sich zu einem Bündnispartner der herrschenden Klasse in Italien und Deutschland entwickelte, der – in unterschiedlichem Maß – von dieser schließlich nur noch bedingt kontrolliert werden konnte, zeigt das ungeheure Potenzial des einmal entfesselten Faschismus.

2. Faschismus an der Macht

Für die Bestimmung der Rolle und Funktion des Faschismus an der Macht ist die Frage der Perspektive auf den historischen Gegenstand entscheidend. Nicht das Selbstverständnis des Faschismus oder das Verständnis des Gegenstandes aus sich selbst heraus – wie es z. B. Ernst Nolte für Deutschland und Renzo de Felice für Italien anhand der Äußerungen faschistischer Protagonisten vorgeführt haben – kann dabei an erster Stelle stehen. Vielmehr muss die konkrete Analyse eines Herrschaftssystems ins Zentrum gestellt werden, das nicht zufällig zu einer bestimmten Zeit und in einer spezifischen politischen Situation zu einer Option zahlreicher Länder wurde.

Wie und mit wessen Hilfe gelangte der Faschismus zur Macht, wessen Interessen spiegeln sich in seinem Herrschaftssystem wie wider, welche politisch-ökonomische Struktur liegt der faschistischen Herrschaft zugrunde? Diese Fragen müssen an den Faschismus ebenso wie an alle anderen Formen politischer Herrschaft gestellt werden. Je nach weltanschaulichem Standpunkt des Betrachters werden die

Analysen unterschiedlich ausfallen. Die Kontroversen der politischen Einordnung des Faschismus ergeben sich vor allem aus der Frage, inwieweit er aus den bürgerlich-liberalen und kapitalistisch strukturierten Gesellschaften Italiens und Deutschlands hervorgegangen ist. Ist der Faschismus der totale Bruch mit diesen Traditionen oder ist er vielmehr eine in ihnen angelegte Möglichkeit?

Bonapartismustheoretische Modelle

Entscheidend für die Erklärung des Faschismus ist die Frage der Machtübertragung an die faschistische Bewegung 1922 in Italien und 1933 in Deutschland. Wenn auch die faschistische Bewegung und Partei in beiden Ländern zu einem bestimmenden Faktor der Politik geworden war, war die Übertragung der Macht an sie keineswegs zwangsläufig. Die Parteien der Arbeiterbewegung hatten in beiden Ländern ebenfalls großen Einfluss auf die Politik, wurden jedoch von den wirtschaftlichen und politischen Eliten in den jeweiligen Krisenphasen der Länder (frühe 1920er bzw. frühe 1930er Jahre) mit aller Kraft von der politischen Macht ausgeschlossen.

Dennoch war auch den bürgerlichen Eliten klar, dass mit der Übertragung der Macht an den Faschismus ein erhebliches Risiko verbunden war, stützte sich dieser doch auf eine Massenbewegung, deren soziale Herkunft und ihre damit verknüpften potenziellen sozialen Interessen keineswegs automatisch mit den Absichten der alten Eliten übereinstimmten. Ziel der Machtübertragung an den Faschismus war in Italien und Deutschland die Sicherung bzw. Wiederherstellung eines Zustandes, der die sozioökonomischen Interessen des Kapitals und die nationalistischen Interessen der politischen und militärischen Eliten absicherte, die im Zuge der krisenhaften Entwicklung nach dem Ersten Weltkrieg bzw. der Weltwirtschaftskrise am Ende der 1920er Jahre bedroht schienen – auch angesichts einer sozialistischen Revolution, die damals für realistisch gehalten wurde. Da diese Absicherung bzw. Wiederherstellung der Klasseninteressen im Rahmen der parlamentarischen Regierungsform offensichtlich immer schwieriger wurde, suchte man nach einem Ausweg und war dafür auch bereit, sich mit dem allumfassenden Machtanspruch des Faschismus zu arrangieren, während man gleichzeitig hoffte, diesen zähmen zu können.

Marxistische und andere linke Autoren haben, angeregt durch die Machtübernahme des Faschismus in Italien, nach theoretischen Modellen gesucht, um diese neue Erscheinung und die mit ihr verbundene gesellschaftspolitische Situation zu verstehen. Entgegen der offiziellen Sichtweise der Kommunistischen Parteien, die den Faschismus zunächst eher als einen ausschließlich abhängigen Akteur bestimmter Kapitalfraktionen betrachteten, ging es diesen Autoren darum, eine eigenständige Rolle und Bedeutung des Faschismus zwischen und neben den antagonistischen Klassen von Kapital und Arbeit herauszustellen. Ein Modell glaubten sie bei Karl Marx und seiner Beschreibung der Herrschaft Napoleons III. zu finden, wie dieser sie in seiner Schrift »Der achtzehnte Brumaire des Louis Bonaparte« vorgelegt hatte.

Marx hatte in ihr die 1848er-Revolution in Frankreich und die aus ihrer Niederlage hervorgegangene Diktatur Louis Bonapartes untersucht und darin eine für die bürgerlich-kapitalistische Gesellschaft außergewöhnliche Situation erkannt. Während die bürgerliche Klasse mit ihren ökonomischen Interessen durch die Aufspaltung in agrarische und industrielle Fraktionen zersplittere und keine einheitliche Machtausübung gewährleisten könne, stehe ihr ein aufstrebendes Proletariat gegenüber, das sich in der Revolution jedoch als zu schwach erwiesen habe, die politische Herrschaft auszuüben. Der Ausweg des Bürgertums habe in der Machtübertragung an Louis Bonaparte bestanden, womit sie sich selbst eines Teils ihrer politischen Macht beraubt habe, um ihre ökonomische Macht zu sichern. Mit Blick auf die Bourgeoisie stand für Marx fest, dass, »um die Ruhe im Land herzustellen, vor allem ihr Bourgeoisparlament zur Ruhe gebracht, um ihre gesellschaftliche Macht unversehrt zu erhalten, ihre politische Macht gebrochen werden müssen; daß die Privatbourgeois nur fortfahren können, die anderen Klassen zu exploitieren (…) unter der Bedingung, daß ihre Klasse neben den anderen Klassen zu gleicher politischer Nichtigkeit verdammt werde; daß, um ihren Beutel zu retten, die Krone ihr abgeschlagen und das Schwert, das sie beschützen solle, zugleich als Damoklesschwert über ihr eigenes Haupt gehängt werden müsse.« (Marx 1988: 154)

Marxistische Theoretiker wie August Thalheimer, Otto Bauer oder auch Leo Trotzki nutzten das von Marx entwickelte Bonapartismusmodell, um das neue Herrschaftssystem des Faschismus zu beschreiben. Thalheimer sah zahlreiche Parallelen zwischen dem Bonapartismus und dem italienischen Faschismus: In beiden Fällen handele es sich um eine »Verselbstständigung der Exekutivgewalt«, verbunden mit einer politischen Unterwerfung der Massen, einschließlich der Bourgeoisie, wohingegen die soziale Herrschaft des Kapitals und (besonders für Italien wichtig) der Großgrundbesitzer aufrechterhalten werde. Gleichzeitig wende sich der Faschismus an alle Klassen. Den unterschiedlichen Stand der kapitalistischen Entwicklung und die im Faschismus wichtiger werdende Rolle der Massen in der Politik erachtete Thalheimer als wichtige Unterschiede (vgl. Saage 2007: 56f.). Auch Trotzki stützte sich bei seiner Analyse auf das

Bonapartismusmodell, betonte jedoch stärker als Thalheimer die Unterschiede zum Faschismus. Wichtig war für beide, den Faschismus aus einer gesamtgesellschaftlichen Kräfteanalyse zu erklären und nicht nur Rolle und Bedeutung des Monopolkapitals in den Blick zu nehmen. Insofern sahen sie im Faschismus nicht nur einen Herrschaftsausdruck kapitalistischer Interessen, »sondern eine ›dritte Kraft‹ zwischen Kapital und Arbeit (…), die in Konfrontation mit dem Lager der Arbeiterbewegung einen neuen Gleichgewichtszustand konstituiert.« (Ebd.: 64)

Die im Bonapartismusmodell formulierte Trennung zwischen politischer und sozialer Herrschaft hat ihre Fortführung in unterschiedlichen Deutungen des Faschismus gefunden. Für Deutschland hat Ernst Fraenkel am Beispiel des Rechtssystems des NS-Staates diese Unterscheidung mit den Begriffen »Maßnahmenstaat« und »Normenstaat« gekennzeichnet und den Nationalsozialismus als einen »Doppelstaat« bezeichnet. Während die politische Diktatur sich mittels des Maßnahmenstaates jeglicher rechtlicher Einschränkungen entledigte und Gewalt wie Willkür Tür und Tor öffnete, blieb parallel ein Bereich des Normenstaates bestehen, in dem ein Mindestmaß an Rationalität und Berechenbarkeit, unabdingbar für die kapitalistische Wirtschaft, erhalten blieb.

Das Bonapartismusmodell liefert wichtige Hinweise dafür, warum es 1922 in Italien und 1933 in Deutschland zur Machtübertragung an den Faschismus gekommen ist. Es geht, wie skizziert, von einer Kräfteanalyse der unterschiedlichen Klassen aus und sieht den Faschismus als möglichen Ausweg aus einer krisenhaften Situation, in der die soziale Herrschaft der Bourgeoisie gefährdet erscheint. Eine politische Eigenständigkeit des Faschismus wird konstatiert, und gleichzeitig wird dessen Funktion zur Aufrechterhaltung der sozialen Herrschaft des Kapitals betont. Somit deuten Vertreter des Bonapartismusansatzes den Faschismus als Ausdruck eines Bündnisses unter klarer politischer Führung der faschistischen Partei und heben somit die eigenständige, nicht ausschließlich durch das Kapital vorgegebene Rolle der faschistischen Bewegung hervor. Jedoch kann mit diesem Ansatz nicht der im Laufe der Zeit größer werdende Unterschied zwischen dem italienischen und dem deutschen Faschismus erklärt werden, wobei sich die deutsche Variante vor allem durch den gewalttätigen Rassismus und Antisemitismus auszeichnete. Auch bleibt bei Thalheimer der Unterschied zwischen einer autoritären Ausrichtung unter Napoleon III. und der terroristischen Diktatur des Faschismus (bei noch einmal gesteigerter Gewalt in Deutschland) unterbelichtet. Schließlich bleibt die Frage, ob der Faschismus tatsächlich als eine »dritte Kraft« zwischen Kapital und Arbeit gedeutet werden kann. Hierzu ist es wichtig, sich seine Bündnisstruktur genauer anzusehen und der Frage nachzugehen, welche sozialen Gruppen und damit welche sozialen Interessen an diesem Bündnis beteiligt waren. Schließlich erscheint die Übertragung eines politischen Modells aus der Phase eines Kapitalismus der freien Konkurrenz auf eine Phase der kapitalistischen Monopolbildung und imperialistischen Expansion, der mit einem gänzlich anderen Organisationsgrad der Arbeiterbewegung einhergeht, zumindest als fragwürdig.

Staatskapitalismus oder Monopolkapitalismus?

Die Betonung des strukturellen Zusammenhangs von Faschismus und bürgerlicher Gesellschaft sowie Kapitalismus, wie sie vor allem von marxistischen und anderen linken AutorInnen vorgetragen wurde, ruft bis heute großen Widerstand hervor. Dazu beigetragen haben auch vereinfachende und schematische Ableitungen des Faschismus aus dem Kapitalismus, die zum Vorwand genommen wurden, diesen Zusammenhang gänzlich in Abrede zu stellen. Dabei gab es neben der (ebenfalls differenziert zu betrachtenden) Dimitroff-Definition immer auch alternative marxistisch orientierte Ansätze, die die politische und ökonomische Struktur des Faschismus in den Blick nahmen. Eine bis heute anregende Auseinandersetzung findet sich bei den beiden Angehörigen des Frankfurter Instituts für Sozialforschung, Friedrich Pollock und Franz Neumann, die schon in den 1940er Jahren im Exil über das Wesen des Faschismus bzw. seiner nationalsozialistischen Variante stritten.

Franz Neumann, dessen umfassendes und empirisch gesättigtes Werk »Behemoth« von 1942 bzw. 1944 bis heute zu den besten Arbeiten über den deutschen Faschismus gehört, bestimmt das NS-System und seine Wirtschaft folgendermaßen: »Die Wirtschaft des nationalsozialistischen Deutschland hat zwei umfassende und hervorstechende Kennzeichen. Sie ist eine Monopolwirtschaft – und eine Befehlswirtschaft. Sie ist eine privatkapitalistische Ökonomie, die durch einen totalitären Staat reglementiert wird. Als den besten Namen, sie zu beschreiben, schlagen wir ›totalitären Monopolkapitalismus‹ vor.« (Neumann 1993: 313)

Für Neumann wird das nationalsozialistische Deutschland von vier Gruppen beherrscht, womit er den Bündnischarakter des Faschismus und seine Verbindung zur alten Herrschaftselite unterstreicht. Diese vier Gruppen seien das Monopolkapital, die Partei, die Bürokratie und die Wehrmacht – ein herrschender Block, der die verschiedenen Machtzentren des Systems kennzeichnet. Auch der italienische Faschismus habe sich auf einen ganz ähnlich strukturierten Block von Kräften gestützt: die faschistische Partei, die Großindustrie (Confindustria), das Militär, die Bürokratie und die Institution der Monarchie sowie schließlich die katholische Kirche (Vatikan). Für Neumann bleibt damit der Klassencharakter des Faschismus wesentlich. Im Widerspruch zur Volksgemeinschaftsideologie verschärft sich die Klassenpolitik unter dem Faschismus noch, richtet sich gegen Organisationen und Inhalte der Arbeiterbewegung und nimmt damit – entgegen der eigenen Ideologie – eine klare Position in dieser Auseinandersetzung ein: »Das Wesen der nationalsozialistischen Gesellschaftspolitik besteht darin, den vorherrschenden Klassencharakter der deutschen Gesellschaft anzuerkennen und zu festigen, eine Konsolidierung der herrschenden Klasse zu versuchen, die unterworfenen Schichten durch die Zerschlagung jeder autonomen, zwischen ihnen und dem Staat vermittelnden Gruppe zu atomisieren und ein System autokratischer, in sämtliche Bereiche des menschlichen Lebens eingreifender Bürokratie zu schaffen.« (Ebd.: 427)

Eine ähnliche Bestimmung des Herrschaftsgefüges des NS-Staates nimmt auch Friedrich Pollock vor. Er erblickt jedoch im NS-System eine neue Ordnung, was vor allem aus der seiner Ansicht nach völlig veränderten ökonomischen Basis resultiert. Für Pollock ist das NS-Regime (wie auch der Bolschewismus und, als demokratische Variante, der New Deal) Ausdruck eines totalitären Staatskapitalismus. Zur Geltung komme hier der von den faschistischen Machthabern immer wieder verkündete Primat der Politik gegenüber der Wirtschaft: staatliche Planung, Festsetzung der Preise, Festlegung der Produktion u. a. sind Punkte, die Pollock anführt. Nicht länger würde das Kapital von den Eigentümern, sondern von den Managern verwaltet. Das besagt für Pollock,

»daß der Staatskapitalismus der Nachfolger des Privatkapitalismus ist; daß der Staat wichtige Funktionen des privaten Kapitalismus übernimmt, daß Profitinteressen noch eine bedeutende Rolle spielen und daß es kein Sozialismus ist.« (Pollock 1981: 82) Dieser Staatskapitalismus kann Pollock zufolge in demokratischer oder totalitärer Art auftreten. Obwohl, wie auch Pollock einräumt, das Privateigentum unter dem Faschismus nicht prinzipiell angetastet wurde, sei dessen Funktion fundamental verändert, da alle wesentlichen Kennzeichen von Privateigentum (freie Entscheidung über Produktion, Entlohnung, Arbeitskräfte, Investitionen etc.) entfallen seien (ebd.: 113). »Der Nationalsozialismus hat die letzten Reste von solchen freien ökonomischen Subjekten abgeschafft: Besitz und Einkommen sind nicht mehr die vorrangigen Bestimmungsgrößen der gesellschaftlichen Stellung des Individuums, Kapitalisten wie Arbeiter sind organisiert in einer alles umfassenden Organisation, der Arbeitsfront, und ideologisch eingeschmolzen in die völkische Gemeinschaft.« (Ebd.: 114)

Für Franz Neumann handelt es sich bei Pollocks Äußerungen um eine Mystifizierung des Klassencharakters des Faschismus und bei der Bestimmung seiner ökonomischen Basis um eine fundamentale Fehleinschätzung. Ganz grundlegend habe sich die Politik der Nazis auf die Unterstützung des deutschen Monopolkapitals gerichtet, und die nicht bestreitbaren weitgehenden Einflussnahmen der Politik auf die Wirtschaft seien nicht Ausdruck eines Staatskapitalismus, sondern entsprächen den Bedürfnissen des Monopolkapitalismus selbst und einer Wirtschaft auf dem Weg in den bzw. im Krieg: »Die Vorbereitung auf den totalitären Krieg erfordert eine riesige Ausdehnung der Produktionsmittelindustrie, insbesondere der Investitionsgüterindustrie, und sie macht es notwendig, jedes besondere, diesem Ziel widersprechende ökonomische Interesse zu opfern. Das schließt die Organisation des ökonomischen Systems, die Einbeziehung der gesamten Ökonomie in die monopolistische Struktur und – obgleich wir das Wort mit Zögern benutzen – Planung ein. Das bedeutet, dass der Automatismus des freien Kapitalismus, selbst in einem demokratischen Monopolkapitalismus ungesichert, außerordentlich eingeschränkt wurde. Aber der Kapitalismus bleibt bestehen.« (Neumann 1993: 421 f.) Der Staat im NS-System agiere nicht im Sinne der Zerschlagung der monopolistischen Kapitalpositionen, sondern ihrer Stärkung.

Da Dimitroff seine Definition und Ableitung des Faschismus 1935, also in der Früh- und Stabilisierungsphase zumindest des deutschen Faschismus, formulierte, stand ihm wenig empirisches Material zur Verfügung. Der große Vorteil der Neumannschen Darstellung ist es demgegenüber, dass sie das reiche Anschauungsmaterial der NS-Politik 1942 bzw. 1944 zur Grundlage der Ausarbeitung und empirischen Absicherung ihrer Deutung der politischen und ökonomischen Struktur des NS-Regimes nimmt.

Für Italien liegt eine vergleichbar dichte Beschreibung und Analyse nicht vor. Doch auch hier dominierte die Bündnisstruktur des Faschismus, der weitaus weniger stark die gesamte Gesellschaft und damit auch die Wirtschaft durchdrang als in Deutschland. Umgekehrt liegen die Funktion der Absicherung des Privateigentums und die Zerschlagung jeglichen Widerstands gegen die Interessen der ökonomisch herrschenden Klasse in Italien noch offensichtlicher zu Tage. Eine Analyse des Faschismus ohne den Blick auf diese herrschaftsstabilisierende Funktion verklärt mehr, als dass sie klärt.

Faschismus als offene Diktatur des Finanzkapitals

Für viele zeitgenössische kommunistische Theoretiker war die Frage nach der Rolle des Faschismus an der Macht im kapitalistischen System 1935 beantwortet. In diesem Jahr wiederholte der Vorsitzende der Kommunistischen Internationale (KI), der Bulgare Georgi Dimitroff, auf deren VII. Weltkongress, was ihr Exekutivkomitee schon im Dezember 1933 formuliert hatte: »Der Faschismus an der Macht ist (...) die offene, terroristische Diktatur der reaktionärsten, chauvinistischsten, am meisten imperialistischen Elemente des Finanzkapitals.« (Dimitroff 1976: 97) Damit war die sogenannte Dimitroff-Definition formuliert, die in den realsozialistischen Staaten verbindlichen Charakter haben sollte (von wenigen Ausnahmen einer stillschweigenden Modifizierung in der DDR-Geschichtswissenschaft einmal abgesehen; vgl. dazu Röhr 2001, 21 ff. und 32 ff.). Bevor es jedoch zu dieser verbindlichen Formulierung kam, gab es innerhalb der kommunistischen Weltbewegung mit dem Aufkommen des italienischen Faschismus eine weitaus vielseitigere Diskussion um die Einschätzung der reaktionären faschistischen Bewegungen. Clara Zetkin z. B. betonte in ihrer Analyse gerade den Aspekt der Massenbewegung, und Antonio Gramsci ging davon aus, dass der Faschismus in Italien nicht nur ein Instrument des Kapitals sei, sondern durchaus autonome Züge trage. Der kommunistischen Faschismusdiskussion gebührt insofern das Verdienst, als erste die länderübergreifende Gefahr des Faschismus analysiert zu haben. Doch hat sie – wie andere politische Lager auch – diese Bedrohung zugleich unterschätzt. Die Charakterisierung der autoritären Weimarer Regime vor Hitler, von Brüning bis Schleicher, als »Nationalfaschismus« und der Sozialdemokratie als »Sozialfaschisten« ist beredtes Beispiel hierfür. Gerade hier brachte der Beitrag von Dimitroff endlich eine größere

Annäherung an die Realitäten, denn die KI orientierte von nun an auf eine Volksfront aller antifaschistischen Kräfte.

Was spricht für und was gegen die Dimitroff-Definition? Zunächst muss dieser Interpretation zugestanden werden, dass zweifelsohne die großen Unternehmen in Deutschland und in Italien vom Faschismus enorm profitierten. Daraus jedoch abzuleiten, wie das durch spätere Vulgarisierungen geschah, das Finanz- und Großkapital habe sich quasi durch einen »monokausalen Kaufakt« (Eike Hennig) der faschistischen Bewegung bemächtigt und sie an die Macht gebracht, verkennt die Komplexität der historischen Prozesse. Vielmehr waren sowohl die Nazis als auch die italienischen Faschisten zunächst nicht die bevorzugtesten politischen Akteure der Unternehmerschaft bzw. bestimmter Kapitalfraktionen. Dies waren lange Zeit die herkömmlichen konservativen Parteien, da viele Kapitaleigner durch die antikapitalistischen Strömungen innerhalb der NSDAP und der Partito Nazionale Fascista (PNF) abgeschreckt wurden. Als sich die Konservativen jedoch definitiv als unfähig erwiesen, der politischen und wirtschaftlichen Krise Herr zu werden und den Widerstand gegen die Abwälzung der Krisenlasten auf die Lohnabhängigen mit den herkömmlichen Methoden auszuschalten, setzte eine Mehrheit der Bourgeoisie auf die faschistische Karte. Zwar wurden auch die Nazis – auch schon vorher – mit Spenden bedacht, doch in großen Mengen flossen die Gelder erst nach der Ernennung Hitlers zum Reichskanzler am 30. Januar 1933. Bis dahin hatte die NSDAP ihren Finanzbedarf überwiegend mit Eintrittsgeldern für ihre Propagandaveranstaltungen aufgebracht. Die Finanzierung der italienischen faschistischen Partei ist im Vergleich zur deutschen schlechter erforscht (Paxton 2006: 149). Somit war die Hitler-Bewegung eher die »letzte Hoffnung« (Ian Kershaw) denn Instrument der Kapitalkreise.

Und insofern reihte sich eine Mehrheit der Unternehmer erst relativ spät in die Front der Befürworter einer Nazi-Diktatur ein. Hitlers späte Unterredung mit Franz von Papen im Hause des Bankiers von Schröder am 4. Januar 1933 ist hierfür symptomatisch.

Doch das heißt im Umkehrschluss nicht, dass die Finanz- und Großkapitalfraktionen nicht an der Zerstörung der Weimarer Demokratie beteiligt waren. Sie waren es sehr wohl, weil sie die Verteidiger einer wie auch immer gearteten Demokratie bekämpften und ihr politisches Ziel eine autoritäre Staatsform war. Zudem gilt: Gerade im Zuge der Weltwirtschaftskrise wuchs die Bereitschaft des Industrie- und Finanzkapitals, die NSDAP an einer Koalitionsregierung zu beteiligen – vor allem, weil sie am deutlichsten für eine gewalttätige Ausschaltung der Arbeiterbewegung stand. Entsprechend wirkten diese Kreise auf die politischen Eliten ein. Auch die Mailänder Kontakte der Confindustria, des italienischen Industrieverbandes, mit Mussolini, die am 28. Oktober 1922 erst post festum zustande kamen, zeigen, dass der Faschismus nicht von vornherein die seit langem angestrebte autoritäre Lösung der Bourgeoisie war. Insbesondere die großagrarischen Kreise spielten hierbei eine noch größere Rolle als die industriellen Eliten und Bankiers. In Italien wurden die faschistischen Kampfverbände von den Großagrariern als präventive Konterrevolution gefördert, und in Deutschland trug die Einflussnahme der ostelbischen Großgrundbesitzer auf Reichspräsident von Hindenburg entscheidend zur Ernennung Hitlers zum Reichskanzler bei. Ohne das Bündnis mit den konservativen Eliten wären Mussolini und Hitler nie an die Macht gelangt – das ist mittlerweile weitgehend akzeptierter Konsens.

Des Weiteren sprechen gegen die einfache Fortschreibung der Dimitroff-Definition folgende bereits angesprochene Aspekte: ihre Entstehungszeit, die vielen Entwicklungen des deutschen Faschismus noch keine Rechnung tragen konnte, sowie die Frage, warum das Finanzkapital die Hitler-Clique angesichts der drohenden Kriegsniederlage nicht einfach wieder entlassen hat – wobei offen bleibt, ob es das jemals gewollt hat. Zudem wurden von Dimitroff und seinen Nachfolgern die Massenbasis des Faschismus als ein wichtiges Element für dessen Charakterisierung zu wenig berücksichtigt, auch wenn zuzugestehen ist, dass sich die Dimitroff-Definition ausdrücklich auf den Faschismus an der Macht bezieht. Denn diese Macht hat er nicht ausschließlich, aber doch wesentlich auch aufgrund eben dieser Massenbasis erlangen können. Eine Definition, die diesen Aspekt ausblendet, verfehlt insofern ganz Entscheidendes.

Schwerwiegender als die historisch bedingten Grenzen der Definition war ihre Kanonisierung im Realsozialismus und damit eine Verkümmerung der Faschismusdiskussion, wie der aus der DDR stammende Historiker Manfred Weißbecker zu Recht schreibt: »Die notwendige Kritik an der sogenannten Dimitroff-Formel muss sich jedoch vor allem an der folgenschweren dogmatischen Reduzierung diverser Erscheinungen faschistischer Politik und Ideologie in einem einzigen Satz reiben, der zudem weit über das Jahr 1935 hinaus regelrecht vergöttert wurde. Mancher richtige Denkansatz wurde so nicht weitergeführt.« (Neues Deutschland, 7.8.2010)

Psychologische Faschismustheorien

Die Frage, warum sich bestimmte Klassen und Schichten entgegen ihren eigentlichen ökonomischen Interessen vor allem im Zuge der Weltwirtschaftskrise der faschistischen Bewegung in Deutschland anschlossen und ihr auf diese Weise eine Massenbasis verschafften, versetzte insbesondere die marxistisch orientierten Forscher des Frankfurter Instituts für Sozialforschung in Erklärungsnot. Aber auch der der Kommunistischen Partei zugehörige österreichische Psychoanalytiker Wilhelm Reich versuchte, auf diese Frage eine Antwort zu finden. In seinem klassischen Werk »Massenpsychologie des Faschismus« (1933) plädierte er dafür, endlich den »subjektiven Faktor« in der Geschichte ernst zu nehmen und die Erkenntnisse der Psychoanalyse Sigmund Freuds mit dem Historischen Materialismus zu verbinden. Sein Forschungsvorhaben war es, die analytische Individualpsychologie nach Freud zur Massenpsychologie auszubauen, indem er die einer Schicht, Klasse, Berufsgruppe etc. gemeinsamen typischen Prozesse untersuchte. Reichs Interesse richtete sich in erster Linie auf die bürgerliche Familie, die er als »Struktur und Ideologiefabrik« der kapitalistischen Vergesellschaftung betrachtete. Die Familie sei der Ort der Sexualunterdrückung, der psychologische Mechanismen ausbilde, die zur Akzeptanz der faschistischen Krisenlösung führten. Wilhelm Reich interpretierte die Massenbasis des Faschismus als »das Aufbäumen einer sexuell ebenso wie wirtschaftlich todkranken Gesellschaft gegen die schmerzhaften, aber entschiedenen Tendenzen des Bolschewismus zur sexuellen ebenso wie ökonomischen Freiheit« (Zit. nach Saage 2007: 184).

Eine ähnliche Stoßrichtung verfolgte das Konzept des autoritären Charakters, welches auf Erich Fromm, Theodor W. Adorno und Max Horkheimer zurückgeht. Ebenfalls an Freud anknüpfend suchten sie, Verhaltensweisen zu erklären, die die bedingungslose Anerkennung des Existierenden und der Machthabenden sowie die Abwertung von Schwächeren als zentrale Merkmale aufweisen. Vereinfacht ausgedrückt wird dies in der Redensart: »Nach oben buckeln, nach unten treten.« Bereits in den 1930er Jahren hatte Fromm in einer Reihe von Aufsätzen seine Gedanken entwickelt, die er dann in seinem Buch »Furcht vor der Freiheit« (1941) zusammenfassen sollte. Seine Arbeiten sind auch maßgeblich eingeflossen in die berühmte Studie »The Authoritarian Personality« von Adorno u. a. Die Autoren entwickelten u. a. die sogenannte F-Skala, die antidemokratische und potenziell faschistische Einstellungen zu klassifizieren suchte – ausgehend von der These, dass sich die kleinbürgerliche faschistische Massenbewegung weniger aufgrund von politischen, wirtschaftlichen und sozialen Faktoren bilde, sondern aufgrund von (sozial-)psychologischen. In diese Tradition von sozialpsychologischen Faschismustheorien gehört des Weiteren das zweibändige Buch »Männerphantasien« von Klaus Theweleit.

All diese Ansätze haben das Verdienst, auf bislang zu wenig berücksichtigte Aspekte hingewiesen zu haben: nämlich die Frage, welche psychologischen Mechanismen dazu führten, dass faschistische Parteien zu Massenbewegungen werden konnten. Freilich war den Autoren bewusst, dass sie mit ihrem Ansatz nicht *die* Faschismustheorie vorgelegt hatten; zudem wurden Fragen wie klassen- und schichtenspezifische Unterschiede im Verhältnis zum Faschismus kaum berücksichtigt. Vielmehr muss man ihre Ansätze als Elemente einer multikausalen Faschismustheorie betrachten. Und natürlich waren einige beschriebene Mechanismen und Thesen schon zu ihrer Entstehungszeit fragwürdig und sind es heute mehr denn je. So spielen zum Beispiel der Vater und die bürgerliche Familie gegenwärtig nicht mehr die entscheidende Rolle im Sozialisationsprozess. Wichtiger sind Peer Groups, Medien und Schule. Doch der grundsätzliche Mechanismus, die Identifikation mit einer Autorität, die für die tägliche Erfahrung der Fremdbestimmung entschädigt, ist auch heute noch aktuell.

»Extremismus der Mitte«

Während mit dem Bonapartismusansatz und den Arbeiten von Neumann und Dimitroff die politisch-ökonomische Funktion des Faschismus und die spezifische gesellschaftspolitische Voraussetzung seiner Herrschaft erklärt werden können, bleibt die Frage nach der sozialen Basis des Regimes jenseits des psychologisch individuellen Gesichtspunktes offen. Mit Sternhell und Kühnl konnten Hinweise zur ideologischen Basis faschistischer Bewegungen gegeben werden, während Reich, Fromm und Adorno Hinweise zur individuellen Disposition gaben. Wenn jedoch die Massenbasis des Faschismus als ein zentrales Merkmal angesehen werden muss, so stellt sich die Frage, auf welche Massen er sich in der Phase des Aufstiegs zur Macht stützen konnte. Weit verbreitet, gerade in Deutschland, ist die Vorstellung, die Weimarer Republik sei durch die »Extreme« von rechts und links, durch Kommunismus und Faschismus, zerrieben worden. Untersucht man hingegen die reale Basis der faschistischen Bewegungen in Deutschland und Italien, dann stellt man fest, dass vor allem die Mittelschichten dem Faschismus seine Massengefolgschaft garantierten. Die soziologischen Analysen zur Anhängerschaft des Faschismus, wie sie von Theodor Geiger bereits 1932 vorgenommen und vom US-amerikanischen Soziologen Seymour M. Lipset in den 1960er Jahren bestätigt wurden, zeigen, dass diese sich vor allem aus Angehörigen der kleinbürgerlichen und agrarischen Mittelschichten zusammensetzte. Sie waren es, die in Italien nach Schutz vor der aufstrebenden Arbeiterbewegung und ihren Forderungen suchten. Die durch das russische Beispiel angeheizte Revolutionsfurcht verunsicherte diese kleinbürgerlichen Massen und steigerte die Attraktivität einer politischen Bewegung wie dem Faschismus, die sich gegen die Ansprüche des städtischen und ländlichen Proletariats richtete. In seiner Rhetorik versprach der Faschismus dem Kleinbürgertum nicht nur Schutz vor der sozialistischen Revolution, sondern auch vor dem Großkapital, dessen Monopolisierungstendenzen auch den kleinen Händlern und Gewerbetreibenden immer stärker zusetzten. Bezogen auf Italien schreibt der italienische Historiker Emilio Gentile: »Aus den Mittelschichten kam (...) die große Mehrheit der Squadrenkommandanten und der Anführer der faschistischen Bünde (...). Es war insbesondere die Beteiligung der Mittelschichten, die den Faschismus zu einer Massenbewegung mit eigener Dynamik und politischen Ambitionen machte, die ihn über die begrenzte Funktion eines Instrumentes der antiproletarischen Reaktion hinaushob.«[3] (Gentile 2008: 12)

In Deutschland lässt sich der Aufstieg der NSDAP vor allem mit dem Zerfall der bürgerlichen Mitte- und Rechtsparteien infolge der Weltwirtschaftskrise parallelisieren: Während die NSDAP bei den Reichstagswahlen noch 1928 nur 2,6 Prozent erzielen konnte, waren es vier Jahre später, im Sommer 1932, 37,4 Prozent. Im gleichen Zeitraum sank die Zustimmung zu den bürgerlichen, liberalen und konservativen Parteien, das katholische Zentrum ausgenommen, von 38,7 auf 9,6 Prozent, wohingegen die Arbeiterparteien SPD und KPD ihren Stimmenanteil nahezu halten konnten (40,4 Prozent 1928; 36,2 Prozent 1932). Auch die Sozialstruktur der NSDAP-Mitglieder 1930 weist eine deutliche Überrepräsentanz von Angestellten und Selbstständigen auf (vgl. zu den Zahlenangaben Kühnl 2000: 88 ff.).

Trotz dieses von Lipset als »Extremismus der Mitte« bezeichneten Schwergewichts des faschistischen Massenanhangs

3 Übersetzung: Nicoletta Negri.

bei den kleinbürgerlichen Mittelschichten gilt die NSDAP in Deutschland als erste »Volkspartei«, die ihre Gefolgschaft nicht allein aus einem sozial oder konfessionell eindeutig definierten Milieu rekrutierte, sondern als moderne *Catch-all-Partei* Anhänger in allen sozialen Schichten fand. Für die Tragfähigkeit der von Geiger und Lipset etablierten »Mittelstandstheorie« ist es entscheidend, zwischen Propaganda und realer Politik des Faschismus zu unterscheiden. Während der Faschismus in Italien und Deutschland propagandistisch, vor allem in seiner Aufstiegsphase, die Mittelschichten umwarb und z. B. gegen die großen Monopole agitierte, bediente seine reale Politik schließlich die gegenteiligen Interessen. Es wäre also verkehrt, aus der soziologischen Analyse der Massenbasis des Faschismus auf die Inhalte seiner sozialen Herrschaft zu schließen.

Faschismus als Totalitarismus

Weniger die Inhalte von Herrschaft als vielmehr ihre Form stehen im Mittelpunkt des Totalitarismusansatzes. Mit seiner Gleichsetzung von Kommunismus/Sozialismus und Faschismus hatte dieser Ansatz vor allem im Kalten Krieg aufgrund seiner antikommunistischen Funktionalisierung Hochkonjunktur. Seine Ursprünge liegen in der Auseinandersetzung italienischer Antifaschisten mit dem Faschismus Mussolinis. Der Begriff »totalitär« wird als erstes von Giovanni Amendola Anfang der 1920er Jahre benutzt, um Faschismus und Bolschewismus gleichzusetzen. Auch in der deutschen Sozialdemokratie wurde das Adjektiv in dieser Weise verwendet. Die Entgegensetzung von Diktatur und liberal-demokratischem System findet sich somit bereits in embryonaler Form in der damaligen italienischen und deutschen Diskussion.

Auf der anderen Seite usurpierten die italienischen Faschisten das Adjektiv »totalitär« affirmativ. Mussolini schrieb

1931: »Für den Faschisten befindet sich alles innerhalb des Staates und nichts kann oder darf sich außerhalb des Staates befinden. In diesem Sinne ist der Faschismus totalitär.« (zit. nach Saage 2007: 102) Der totalitäre Staat stellt diesem Verständnis zufolge eine Inkarnation und Potenzierung des Machtstaates dar, die Antonio Gramsci wie folgt beschrieb: »Die gegenwärtigen Diktaturen zerstören legal diese neuen Autonomieformen (Parteien, Gewerkschaften, Kulturvereine) und versuchen, sie in die Staatsaktivität einzugliedern. Die legale Zentralisierung des gesamten nationalen Lebens in den Händen des führenden Machtblocks wird totalitär.« (Zit. nach Projekt Ideologietheorie 2007: 47)

Erst mit der Machtübernahme der deutschen Faschisten 1933 fand die Bezeichnung der politischen Systeme in Italien, Deutschland und der Sowjetunion als totalitär eine weitere Verbreitung. Die Formel des »totalen Staates«, wie sie in den Schriften des Nazi-Juristen Carl Schmitt und des Schriftstellers Ernst Jünger vorkommt, ist eine Übertragung des italienischen Terminus »stato totalitario«. Aber auch marxistische Sozialwissenschaftler wie Franz Neumann und Ernst Fraenkel gebrauchten das Adjektiv »totalitär«. Ersterer charakterisierte den deutschen Faschismus wie oben dargestellt als ›totalitären Monopolkapitalismus‹. In die Tradition des Totalitarismuskonzepts lassen sich beide indessen nicht einordnen, da sie den Begriff nicht vergleichend auf die Sowjetunion unter Stalin anwandten, sondern ausschließlich auf den Faschismus.

Die Systemkonfrontation zwischen dem kapitalistischen und dem realsozialistischen Lager nach 1945 gab dem Totalitarismuskonzept neuen Aufschwung. Jetzt entstanden die wegweisenden, bald als klassisch zu bezeichnenden Texte mit wissenschaftlichem Anspruch. Unter Mitarbeit von Zbigniew

Brzezinski verfasste Carl Joachim Friedrich 1956 die ein Jahr später auf deutsch erschienene Studie »Totalitäre Diktatur«. In dieser entwickelte er die folgenden vielfach zitierten sechs Wesenszüge, die totalitären Diktaturen gemeinsam seien: eine Ideologie, die sich auf alle wichtigen Bereiche des Lebens erstreckt; eine Massenpartei, die im alleinigen Besitz der formellen Herrschaft ist; eine terroristische Geheimpolizei; das fast vollständige Monopol über die Nachrichtenmittel in der Hand der Partei; das ebenso wie das Nachrichtenmonopol technisch bedingte Waffenmonopol sowie die zentrale Lenkung und Beherrschung der gesamten Wirtschaft. Methodisch handelt es sich um eine idealtypische, statische Bestimmung, gesellschaftliche Veränderungen kann dieses Konzept daher so gut wie nicht fassen. Differenzierende oder konflikttheoretisch orientierte Totalitarismusansätze versuchten, dieses Defizit zu überwinden.

In gewisser Weise stellt auch das zweite Hauptwerk der Totalitarismustheorie, Hannah Arendts »Elemente und Ursprünge totaler Herrschaft« (1956), eine solche Variante dar. In ihm leitet die Autorin die Formen des »totalitären« Faschismus in Deutschland vornehmlich aus dem Imperialismus und Rassismus des 19. Jahrhunderts her. Im Zentrum ihres Ansatzes stehen die Abschaffung des traditionellen Gesetzesbegriffes und dessen Ersetzung durch ein geschichtsphilosophisches Bewegungsgesetz (»Rasse« im Faschismus, Klasse im Stalinismus), welches mit Terror zum Durchbruch gelangte. Dieser Terror werde durch ein Bündnis von Massen, von Arendt als Mob bezeichnet, und Kapital ausgeübt. Für Arendt stehen somit die ideologisch angeleitete Mobilisierung der Massen sowie der Terror im Fokus. Die Regimephase, in der die Führer der faschistischen Bewegungen an die Spitze von »totalitären Staaten« gelangten, nimmt sie kaum in den Blick. Überdies entwickelt sie ihren Totalitarismusbegriff überwiegend anhand des deutschen Faschismus, die Sowjetunion unter Stalin wird nur am Rande erwähnt (und nach dessen Tod als nicht mehr totalitär eingeschätzt).

Aus zwei Gründen ist die Beschreibung des Faschismus als Totalitarismus ungeeignet: Erstens sind viele ihrer Annahmen in geschichtswissenschaftlichen Studien widerlegt worden, so dass das Konzept in den 1970er und 1980er Jahren als überholt galt. Dass es nach 1990 – oft als Extremismuskonzept – ein Revival erfuhr, ist infolgedessen nicht auf wissenschaftliche, sondern auf geschichtspolitische Gründe zurückzuführen. Zweitens: Der Totalitarismusansatz mit seiner Gleichsetzung von Faschismus und Kommunismus (und heute mitunter Islamismus) kann zwar bestimmte (Oberflächen-) Phänomene beschreiben, über Kausalverhältnisse aber keine Auskunft geben. Vor allem aber dient das Totalitarismuskonzept den westlich-kapitalistischen Staaten immer auch als selbstlegitimierende Integrationsideologie.

3. Wirtschaft und Politik – Faschismus und Kapitalismus

Die Frage nach dem Verhältnis von Wirtschaft und Politik bzw. von ökonomischer Basis und politischem und rechtlichem Überbau im Faschismus ist vielleicht die wichtigste in der marxistischen Theorietradition. Paradigmatisch hat dies Max Horkheimer in seinem viel zitierten Ausspruch, wer vom Kapitalismus nicht reden wolle, solle vom Faschismus schweigen, ausgedrückt. Bürgerlich-liberale Historiker haben diesen Aspekt zumeist vernachlässigt bzw. einen Zusammenhang bestritten. Nimmt man die beiden Pole marxistisch-leninistischer und hitlerzentrierter bürgerlicher Faschismusinterpretationen, so können diese Interpretations-Extreme wie folgt zusammengefasst werden. Im Realsozialismus galt die Politik im Sinne der Definition Dimitroffs (vgl. Kap. I. 2.) zumeist als ausführendes Organ der reaktionärsten Fraktionen des Finanzkapitals; es herrschte mithin ein weitgehender Primat der Ökonomie. Im Hitlerzentrismus (und im Totalitarismuskonzept) verhält es sich genau umgekehrt: Adolf Hitler und seine Machtclique beherrschten neben allen anderen gesellschaftlichen Bereichen auch die Wirtschaft. Heute gelten diese Betrachtungsweisen in dieser zugespitzten Form als überholt. Dazwischen jedoch bewegt sich eine Vielzahl von differenzierteren Versuchen sowohl marxistischer als auch bürgerlicher Provenienz. Auf marxistischer Seite sind hier vor allem die bonapartismustheoretischen Ansätze mit ihrem Fokus auf die relative Verselbstständigung der politischen Sphäre zu nennen (vgl. Kap. I. 2.).

Wie dargelegt kann von einer »Einsetzung« der NSDAP oder der PNF seitens des Großkapitals nicht die Rede sein. Eine andere Frage jedoch ist, welche soziale Klasse von den faschistischen Diktaturen profitierte und wer sich nach der Etablierung der Diktatur mit den neuen Machthabern nicht nur arrangieren, sondern auch Einfluss auf deren Handeln sichern konnte. Zur ersten Frage: In Bezug auf den italienischen Faschismus kann von einer Reichtumsübertragung von den arbeitenden und kleinbürgerlichen Klassen auf die Bourgeoisie gesprochen werden: So wurden zwischen 1927 und 1929 die Industrielöhne zwangsweise um über 9 Prozent gesenkt. Die Senkung der Löhne setzte sich zwischen 1929 und 1932 weiter fort (Priester 1971: 245). Es wurden Privatisierungen (Telefon, Versicherungen) durchgeführt und die Besteuerung der Kriegsgewinne, des Industrie- und Bankkapitals, der Gesellschaftszusammenschlüsse sowie der Erbschaftssteuern abgeschafft. Der Effekt auf die Wirtschaft liegt auf der Hand: Alle ökonomischen Indikatoren gingen in die Höhe – ausgenommen die Löhne (vgl. Mantelli 2008: 66 f.).

Ähnlich verhält es sich im Falle des deutschen Faschismus. Nicht nur die Unternehmen oder Banken, die an der gigantischen Aufrüstung (der Anteil der Rüstungsausgaben am Volkseinkommen stieg in der Zeit von 1933 bis 1939 von 1,5 auf 21 Prozent) beteiligt waren, profitierten von der NS-Herrschaft. Zudem waren die unverteilten Gewinne von Kapitalgesellschaften 1939 viermal höher als 1928 (Kershaw 1994: 109). Adam Tooze spricht deshalb von einer Herrschaft zugunsten des Kapitals und zuungunsten der Lohnabhängigen. Und marxistische Autoren wie Jürgen Kuczynski, Dietrich Eichholtz, Charles Bettelheim und Franz Neumann haben im Einzelnen die Verteilung des Volkseinkommens zwischen 1932 und 1938 zugunsten des Kapitals sowie die Folgen für die Konzentration und Zentralisation des Kapitals nachgewiesen.

Für die Zeit nach der Machtübertragung ist das Verhältnis von Kapital und faschistischer Partei in Deutschland treffend mit dem Ausdruck des »willfährigen Partners« (Tooze 2007: 166) beschrieben. Der Begriff Partner drückt dabei aus, dass es sich um ein Bündnis handelt, der Terminus »willfährig«, dass ein Akteur innerhalb des Bündnisses dem anderen tendenziell nachgeordnet ist, womit die bereits erwähnte Verselbstständigungstendenz bzw. die relative Autonomie des Politischen im Verhältnis zur Ökonomie angesprochen ist. Wie weit diese relative Autonomie ging, wie sie sich in zeitlichen Phasen anders darstellte, das sind Fragen, die die marxistischen, bonapartismustheoretischen und bürgerlichen Pluralisierungs- und Konflikttheorien unterschiedlich beantworten. Oder anders formuliert: Inwieweit wurde die Politik des Faschismus von wirtschaftlichen Überlegungen geprägt und entscheidend beeinflusst?

Zunächst zum deutschen Fall: Unumstritten ist, dass sich das Groß- und Finanzkapital mit dem Regime schnell arrangierte, da beide, wie es der US-amerikanische Historiker Peter Hayes auf den Punkt brachte, nicht identische, aber konvergierende Interessen hatten. Zu diesen zählten die Zerschlagung der Arbeiterbewegung, lukrative Rüstungsaufträge und die Einschränkung bzw. Beseitigung von erkämpften Arbeitnehmerrechten. Das Kapital fungierte mithin nicht als Strippenzieher, verfügte jedoch über ein beträchtliches Maß an Einfluss.

Doch argumentieren viele Historiker, dass sich diese Einflussnahme im Verlauf der Jahre verringert und die Politik zunehmend die Vorherrschaft übernommen habe. Das Jahr 1936 mit der Verkündung des zweiten Vierjahresplans (der wiederum maßgeblich auf Initiative der IG Farben zurückging) gilt als Einschnitt: Während manche hier einen den ökonomischen Interessen zuwiderlaufenden Prozess einsetzen sehen, der mit der im ökonomischen Sinne völlig nutzlosen Vernichtung der Juden im Krieg endete (vgl. das nächste Kapitel), sind andere der Ansicht, dass der Vierjahresplan trotz seines Namens mit einer eigentlichen Planwirtschaft wenig zu tun hatte. Die neuere Forschung zeichnet ein differenziertes Bild: Auf der einen Seite stelle der zweite Vierjahresplan sicher eine neue Qualität der staatlichen Eingriffe dar, andererseits sei die Privatwirtschaft auf der operativen Ebene, vor allem in den Organen der Vierjahresplanbehörde, zahl- und einflussreich vertreten gewesen. Nicht zu vergessen ist auch, dass das NS-Regime gezielt auf einen großen Krieg zusteuerte, was notwendig eine staatlich gelenkte Konzentration aller ökonomischen Kräfte mit sich brachte (vgl. den Ansatz von Neumann, Kap. I. 2.). Auch die Machtverschiebung zugunsten der Chemieindustrie wird relativiert, vielmehr die Tatsache der wachsenden Verflechtung insbesondere von Montan-, Chemie- und verarbeitender Industrie herausgestellt.

In Italien stellt sich das Verhältnis von Wirtschaft und faschistischer Politik etwas anders dar: Während bis 1925 eine liberale Wirtschaftspolitik verfolgt wurde, die sich mit den Interessen der Banken und Unternehmen deckte, wurde danach eine Autarkiepolitik mit Schutzzöllen betrieben. Beträchtliche Teile der Industrie wurden staatlich kontrolliert, aber nicht verstaatlicht. Dies vollzog sich vor dem Hintergrund, dass die einzelnen Kapitalisten trotz günstiger Bedingungen nicht in der Lage waren, die Interessen ihrer Klasse zu vertreten, so dass der Staat die Rolle des Gesamtkapitalisten übernehmen musste. Auch der Korporativismus in Italien war im Wesentlichen eine Form des staatlichen Dirigismus, der zur Konzentration und monopolkapitalistischen Organisation der italienischen Wirtschaft beitrug. Trotz der Staatseingriffe kann nicht von einer Nationalisierung oder der Herausbildung eines Staatskapitalismus die Rede sein. Der von Mussolini inhaftierte Antonio Gramsci brachte es auf den Punkt: »Nationalisiert wurden die Verluste, nicht die Profite« (vgl. Priester 1972: 258).

Verallgemeinernd ist folglich von einem gewissen Autonomiegrad des faschistischen Staates gegenüber selbst den mächtigsten Unternehmern auszugehen. Dieser war in Deutschland und Italien unterschiedlich ausgeprägt und Wandlungen in der Zeit unterworfen. Zudem ist zwischen Richtung, Einfluss und Ausführung bei Willensbildung und Entscheidungsprozessen innerhalb des Machtkartells der faschistischen Staaten, bestehend aus verschiedenen in ihrem Einfluss variierenden Blöcken aus faschistischen Parteien, unterschiedlichen Kapitalfraktionen, Armee sowie in Deutschland dem SS/SD/Gestapo-Komplex, zu unterscheiden.

Zusammengefasst: Die Großkonzerne und Finanzinstitute waren Profiteure und willfährige Mitgestalter der faschistischen Staaten, doch als allmächtige Auftraggeber sind sie nicht zu bezeichnen. Der Fokus vieler marxistischer Faschismustheorien auf das vermeintliche Primat der Ökonomie resultiert zudem aus der Konzentration auf den deutschen Faschismus. Italien indes war zur Zeit des Marsches auf Rom noch kein durchgängig hochentwickeltes kapitalistisches Land, und seine Unternehmer nahmen weniger Einfluss auf die Politikgestaltung. Der enge Zusammenhang zwischen imperialistischem Kapitalismus und Faschismus trifft also eindeutiger als für Italien auf die deutsche Variante zu. Insgesamt ist es schwierig, hinsichtlich von Struktur, Einfluss oder Entwicklung der Wirtschaft einen gemeinsamen Schlüssel zu finden, der alle bedeutenden faschistischen Bewegungen verbinden würde.[4]

Rassismus und Antisemitismus

Während der Fokus vieler linker faschismustheoretischer Arbeiten bis in die 1980er Jahre auf dem Nachweis des kapitalistischen und imperialistischen Charakters des Faschismus lag, wurden Rassismus und Antisemitismus zu wenig Aufmerksamkeit geschenkt. Für die Definition des Faschismus

4 Am ehesten trifft dies noch auf einen Aspekt zu, der nicht die Struktur der Ökonomie betrifft, sondern die nationalistisch motivierte Schuldzuweisung für die wirtschaftliche Krisensituation, deren Ursache in einem verlorenen Krieg oder ausländischer Ausbeutung gesehen wird (vgl. Payne 2006: 602).

waren Rassismus und Antisemitismus (wie auch die Frage der Massenbasis) zunächst sekundär. Dies ist eine offenkundige Fehlleistung angesichts der heute ganz zu Recht bei der Analyse des NS-Regimes im Zentrum stehenden systematischen Vernichtung der europäischen Jüdinnen und Juden sowie der zunehmend auch ins Bewusstsein rückenden Auslöschung der Sinti und Roma. Wie also ist die Rolle von Rassismus, Antisemitismus und Antiziganismus in faschistischen Bewegungen und Regimen zu verorten?

Offenkundig ist, dass Interpretationen, die eine mehr oder minder gerade Linie von Hitlers antisemitischer Weltanschauung zum Holocaust ziehen, unzulänglich sind, weil sie etwa den aus den kapitalistischen Konkurrenzverhältnissen entstehenden imperialistischen Expansionsdrang und den daraus resultierenden Krieg nicht berücksichtigen. Wie beispielsweise wäre zu erklären, dass der Holocaust von Deutschland ausging und nicht etwa von Polen, wo die Judenfeindschaft eine weit höhere Verbreitung hatte. Eine weitere Schwierigkeit kommt hinzu: Die Themen Rassismus und Antisemitismus stehen mit Recht im Schatten des Nazi-Faschismus. Erst in den letzten Jahren ist der Rassismus der italienischen Kriegsführung in Nordafrika stärker in den Blick genommen worden. Eine allgemeine Bestimmung des Faschismus scheint hier an ihre Grenzen zu stoßen, weil der italienische Faschismus nicht von Anfang an antisemitisch war, mehr noch: Juden waren in der faschistischen Partei überrepräsentiert, und Juden aus Deutschland suchten bis 1938 sogar in Italien Zuflucht vor den Nazis. Dieses Problem wurde von der jüngsten angelsächsischen Diskussion (z. B. Robert Griffin) dadurch zu lösen versucht, dass man den Faschismus über eine ultranationalistische, auf Wiedergeburt der Nation abzielende, Ideologie definierte. Diese Herangehensweise überzeugt aber nur bedingt: Zum einen reduzieren ihre Vertreter den Faschismus auf eine ideologische Komponente, zum anderen haben in den letzten Jahren einige Historiker aufgezeigt, dass auch der italienische Faschismus von Anfang an rassistisch war. Mit einem propagandistischen Vorlauf von 1936 an erfolgte die Einführung der antisemitischen Gesetzgebung 1938 nicht auf Druck von Hitler-Deutschland, sondern aus eigenem Antrieb. Der italienische Rassismus richtete sich dabei zuvorderst gegen Slawen und Afrikaner (und auch gegen »Zigeuner«). Der Abessinienkrieg kann als erster faschistischer Vernichtungskrieg bezeichnet werden, in dem ganze Dörfer durch Giftgasangriffe ermordet wurden. Erwähnenswert ist ebenso, dass die italienische antisemitische Gesetzgebung z. B. in Bezug auf Mischehen noch schärfer war als die Nürnberger Gesetze; und in der Republik von Salò, der faschistischen Herrschaft unter Protektion des Deutschen Reichs von 1943–1945, arbeiteten die italienischen Behörden bei der Deportation der Juden mit den deutschen Truppen zusammen. Vor diesem Hintergrund ist es gerechtfertigt, von einem allgemeinen Faschismusbegriff auszugehen, der die Elemente Rassismus und Antisemitismus als konstituierende Merkmale in seine Definition mit einbezieht, wobei der Stellenwert und die Ausrichtung der (sozial-)rassistischen Ideologie variierten. Der Rassismus wie auch tendenziell der Nationalismus gehören insofern zum Faschismus, als beide im Kern Ideologien der Ungleichwertigkeit sind, die somit auf Ausschluss und Hierarchie zielen. Entweder ist man Zugehöriger der Nation oder deren Feind. Entsprechend kann der nationalsozialistische Rassismus als letzte Konsequenz dieser Logik bezeichnet werden. Einen traurigen Höhepunkt fand der Rassismus dann im Kontext des Krieges im Holocaust.

Krieg und Holocaust

Im Zentrum der Beschäftigung mit dem Faschismus steht mittlerweile die systematische Ermordung der europäischen Juden, für die die Begriffe Holocaust, Shoah und Auschwitz stehen. Die Anerkennung der sogenannten Singularität des Holocaust gehört inzwischen zum offiziellen Selbstverständnis des Nachfolgestaates des faschistischen Deutschlands. Angesichts der jahrzehntelangen Verdrängung der NS-Verbrechen ist dies zu begrüßen. Andererseits birgt eine bestimmte stete Postulierung der Einmaligkeit der Shoah gewisse Gefahren in sich. So blendet sie die Opfergruppe der Sinti und Roma aus, die wie die Juden vernichtet werden sollten. Abseits der allgemeinen Aufmerksamkeit stehen ebenso andere Massenmordprogramme, die vor allen Dingen mit dem sogenannten Hungerplan und dem »Generalplan Ost« verbunden waren, die zwar nicht die vollständige Ausrottung ganzer osteuropäischer »Völker« vorsahen, in ihren quantitativen Dimensionen aber über den Holocaust noch hinausgingen.

Geschichtswissenschaftlich tritt häufig folgendes Problem hinzu: Der Holocaust wird aus dem geschichtlichen Prozess herausgelöst, isoliert aus nachträglicher Perspektive analysiert und seine Ursache einzig im rassistischen Antisemitismus gesehen. Andere Elemente wie z. B. imperialistische Expansion, Vernichtungskrieg, Pläne zur völligen Neuordnung Europas bleiben ausgeblendet. Gelegentlich wird sogar behauptet, dass eine rationale Erklärung nicht möglich sei und allein schon der Versuch dazu eine Relativierung der Verbrechen darstelle. Dies indes käme einer Bankrotterklärung von Wissenschaft gleich, deren Aufgabe es ist, nicht nur zu beschreiben, sondern über Kausalzusammenhänge Auskunft zu geben. Überdies ist erklären nicht mit rechtfertigen gleichzusetzen. Wenn ein Geschichtswissenschaftler die Shoah erklären will, will er in erster Linie Gründe dafür angeben, warum es zu diesem Verbrechen hat kommen können. Erst die Kenntnis darüber kann ein Ansatzpunkt sein, einer Wiederholung vorzubeugen. Offenkundig sieht sich eine Erklärung des Holocausts jedoch mit großen Problemen konfrontiert – und in der Tat liegt eine ausreichende Erklärung über die Triebkräfte, Motive und Ursachen noch nicht vor.

Angesichts der Monströsität des Holocausts wird derselbe als Beleg für die Unzulässigkeit angeführt, den deutschen Faschismus mit anderen Faschismen zu vergleichen. Insofern sei nicht vom deutschen Faschismus zu sprechen, sondern vom Nationalsozialismus – eine in der deutschen im Gegensatz zur angelsächsischen Geschichtswissenschaft gebräuchliche Verwendung. Jede allgemeine Faschismustheorie muss diese Besonderheit des NS-Regimes in der Tat berücksichtigen und darf sie nicht hinter einem allgemeinen Begriff verschwinden lassen. Ökonomistisch orientierte Faschismusdarstellungen, insbesondere in Form der Kanonisierung der Dimitroff-Definition im Realsozialismus, sind hier ein Negativbeispiel, wenngleich das Thema Antisemitismus und Holocaust auch in Westdeutschland bis in die 1980er Jahre hinein eine untergeordnete Rolle spielte.[5] Gleichwohl bleibt ohne den Einschluss einer imperialismustheoretisch begründeten allgemeinen Faschismustheorie jede Annäherung an eine Erklärung des Holocaust unzulänglich.

---

5 In der DDR war »Kennzeichen J.« (1966) die erste selbstständige Publikation zum Thema. Es folgten Titel von Klaus Drobisch u. a. (1973) und vor allem von Kurt Pätzold (z. B. 1983). Vgl. auch die Literaturhinweise bei Röhr 2001: 32 ff. sowie die kritische Übersicht bei Groehler (1992). Aktuell ist vor allem auf die auf 16 Bände geplante Quellenedition VEJ (2008 ff.) hinzuweisen.

Im italienischen Faschismus hatte das Expansionsstreben aufgrund der geringen industriellen Entwicklung neben ökonomischen vor allem politische Gründe. Anders verhielt es sich im hoch entwickelten kapitalistischen Deutschland: Hier fielen die schon lange gehegten expansiven Bestrebungen des Großkapitals mit den rassistischen Neuordnungsplänen der Nazis zusammen. Franz Neumann brachte es in seiner Analyse »Behemoth« auf den Punkt: Deutschland werde im Ergebnis zur Eroberung des Weltmarktes getrieben, denn es sei eine unbestreitbare Tatsache, dass die Masse der überschüssigen Güter nicht durch Handel mit kolonialen, halbkolonialen und nichtindustrialisierten Staaten, sondern lediglich durch Handel mit Industrienationen absorbiert werden könne. »Mit ihnen erfolgreich Handel zu treiben ... das läßt sich nicht mehr durch rein ökonomischen Tausch bewerkstelligen, sondern nur noch mit Hilfe politischer Beherrschung, die jene Staaten in das deutsche Währungssystem eingliedert.« (Neumann 1993: 388)

Ambitionierte Erklärungen, die sowohl ideologische (rassistische, antisemitische) als auch ökonomische (imperialistische, koloniale) Faktoren heranziehen, haben in den letzten zwei Jahrzehnten z. B. die Historiker Susanne Heim, Götz Aly, Christian Gerlach und Adam Tooze vorgelegt. Letzterer betont insbesondere den Aspekt der gigantischen Aufrüstungsprogramme, aus denen sich ab 1936 quasi zwangsläufig der Drang zur Entfesselung des Krieges ergeben habe. Tooze setzt sich des Weiteren differenziert mit den Argumenten auseinander, welche das Fehlen von ökonomisch-rationalen Motiven für den Holocaust zu belegen scheinen. Eines lautet, dass während des Krieges die Vernichtung »wertvoller Arbeitskräfte« in den Todesfabriken von Treblinka, Sobibor, Belzec, Majdanek und Auschwitz bei gleichzeitig bestehendem Arbeitskräftemangel der Beweis für das uneingeschränkte Primat der rassistischen Weltanschauung gewesen sei. Ein weiteres besagt, dass die Deportationen per Zug die wichtige Nachschubversorgung für die Wehrmacht behinderten. Tooze zufolge ist es jedoch eine Verkürzung, den ökonomischen Imperativ allein auf die Frage der Arbeitskraft zu reduzieren. Vielmehr schiebe sich der Faktor der Ernährungsfrage in den Widerspruch zwischen Ökonomie und Ideologie hinein. Die Versorgungsfrage war für die Nazis äußerst wichtig, weil die schlechte Ernährungslage der Bevölkerung schon im Ersten Weltkrieg zu revolutionären Erhebungen beigetragen hatte. Eine Wiederholung dieser Entwicklung galt es aus ihrer Sicht also unbedingt zu vermeiden. Tooze argumentiert, dass die militärische Krise 1941/42 mit einer Arbeitskräftebeschaffungs- und einer Ernährungskrise einherging. Diese habe einen modifizierten Hungerplan auf die Tagesordnung gerufen, dem folgende mörderische, aus der Sicht der Nazis jedoch rationale, Annahme zugrunde lag: 100 gut ernährte Zwangsarbeiter sind produktiver als 200 schlecht genährte. Daraus folgerten sie, dass die Verteilung der knappen Lebensmittel auf weniger, aber produktivere Arbeitskräfte zu konzentrieren sei, während die anderen verhungern oder umgebracht werden sollten. Nicht der Antisemitismus, so Tooze weiter, sondern die materialistische Logik der Ernährungslage sei somit ausschlaggebend für diesen Plan gewesen. Der angeblich so massive Widerspruch zwischen Ökonomie und Ideologie müsse also in mehrfacher Hinsicht revidiert werden. Tooze wörtlich: »Erstens wurde der Konflikt zwischen der Beschaffung der kriegswirtschaftlich nötigen Arbeitskräfte und der Realisierung der völkermörderischen Bedürfnisse des Regimes durch eine Reihe von Kompromissen und praktischen Sondermaßnahmen ›abgeschwächt‹. Zweitens wurde die Vernichtung der jüdischen

Bevölkerung im Generalgouvernement auf eine pervers funktionelle Weise mit dem Zweck verknüpft, die allgemeine Ernährungslage und insbesondere die Lebensmittelrationen für die Arbeitskraft in den Bergwerken und Fabriken des Reiches zu verbessern.« (Tooze 2007: 631)

Freilich stand an erster Stelle der zu tötenden Personen stets die jüdische Bevölkerung. Infolgedessen wird man für die NS-Führungsriege, die die Befehle und interpretierbaren Leitlinien erteilte, den Faktor Antisemitismus als ausschlaggebend ansehen müssen. Für die planende Intelligenz, von Aly und Heim als »Vordenker der Vernichtung« bezeichnet, werden rationale bevölkerungsökonomische und ernährungstechnische Fragen im Vordergrund gestanden haben. Für die direkt beteiligten Täter, Angehörige der Einsatzgruppen von SS und SD sowie Wehrmachtssoldaten, waren wiederum noch weitere Motive ausschlaggebend, wie eine neue Studie darlegt (Neitzel/Welzer 2011).

4. Neuere Definitionen des Faschismus

Obwohl die Literatur zum Thema Faschismus schon seit längerem unüberschaubar ist und es auch eine ganze Reihe von Versuchen gibt, ihn zu definieren, ist bis heute keine allgemein anerkannte Definition vorhanden. Auch wir erheben nicht den Anspruch, eine solche zu liefern. Was wir aber durchaus beabsichtigen, ist Grundbestandteile für eine (multikausale) Faschismusdefinition zu skizzieren. Zuvor indes werfen wir einen kurzen Blick auf Definitionsversuche aus den letzten zwei Dekaden.

Generell sind zwei theoretische Zugänge für eine generische, d. h. allgemeine und komplexe Faschismusdefinition zu unterscheiden: zum einen eine idealtypische, in der zentrale Elemente des Faschismus angeführt und verdichtet werden, und zum anderen eine Orientierung am Realtyp, bei der ausgehend von den faschistischen Bewegungen in Italien und Deutschland die wichtigsten Elemente zu einer Definition zusammengefasst werden. Beide Zugänge können mit theoretischen Annahmen unterlegt werden, die erst die Allgemeingültigkeit des Begriffs jenseits seiner deskriptiven Ausbreitung ermöglichen.

Insbesondere im englischen Sprachraum wird mit Blick auf die Arbeiten von Roger Griffin von einem neuen Konsens gesprochen. Dessen idealtypische und auf die faschistische Ideologie fokussierte Definition lautet: »Faschismus ist eine politische Ideologie, deren mythischer Kern in seinen mannigfachen Permutationen aus einer palingenetischen Form von populistischem Ultranationalismus besteht.« (Griffin 2006: 29)

Die wesentliche Neuerung dieser Definition besteht darin, dass der Kern des Faschismus im Unterschied zu früheren Beschreibungen als antiliberal, antidemokratisch, antikommunistisch etc. in einer positiv bestimmten Ideologie gesehen und damit als gleichrangig mit anderen politischen Ideologien behandelt wird. Überdies benutzt Griffin den Faschismusbegriff nicht als historischen Epochenbegriff, sondern wendet ihn auch auf Erscheinungen nach 1945 an. Die nachvollziehbare Kritik an dieser Herangehensweise lautet, dass sein Versuch einen Rückfall in die alte Ideengeschichte darstelle, die eine Analyse des konkreten historischen Kontextes und dessen Einfluss auf die Ideen bzw. die wechselseitige Verschränktheit vernachlässige. Zudem ähnelt Griffins Methode der phänomenologischen von Ernst Nolte, die aus der Selbstbeschreibung der Faschisten den Faschismus an sich zu erklären versucht. Des Weiteren fehlen offenkundig ganz wesentliche Elemente, die für eine kritische Faschismustheorie von Bedeutung sind: Massenbewegung, charismatische Führerschaft/Herrschaft, Terror, ökonomische Triebkräfte, soziale Funktion, Imperialismus, Militarismus sowie der Verknüpfung von Ideologie und Herrschaftspraxis. Und nicht zuletzt: Rassismus und Antisemitismus tauchen gar nicht in Griffins »faschistischem Minimum« auf.

Ebenfalls eine Epochen übergreifende und globale Definition verfolgt Wolfgang Wippermann. Im Gegensatz zu Griffin wird diese jedoch von einem Realtypus – dem italienischen Faschismus – abgeleitet. Er unterscheidet einen klassischen, bonapartistischen und fundamentalistischen Faschismus. Wippermanns (2009: 13) Definition des klassischen Faschismus lautet:

»Faschistisch im engeren beziehungsweise klassischen Sinne sind Parteien, die sich durch ihr Erscheinungsbild (uniformierte und bewaffnete und nach dem Führerprinzip aufgebaute Partei), ihren politischen Stil (Terror und Propaganda) und ihre Ideologie (Nationalismus, Rassismus, Antidemokratismus, Antikommunismus, Antisemitismus, Führerkult) von anderen rechten und linken Parteien sowohl unterscheiden wie ihnen gleichen, das heißt ›weder rechts noch links‹ sind.«

Wippermann führt in seiner Definition formale und inhaltliche Aspekte eines klassischen Faschismus an, wie wir sie auch in anderen Definitionen finden. Erscheinungsbild und Ideologie werden als Kategorien der Definition benannt, womit die Frage nach der sozialen Funktion des Faschismus, seiner objektiven Rolle jenseits seines Selbstverständnisses, nicht berücksichtigt wird (vgl. Kühnl 2002: 113). Auch die an die Thesen von Sternhell anknüpfende

Formulierung, dass die Elemente faschistischer Parteien, also Erscheinungsbild, politischer Stil und Ideologie, weder »rechts noch links« seien, verstärkt diese Abstraktion von der sozialen Funktion des Faschismus. Tatsächlich lässt sich der Faschismus durch seine zentrale Betonung der Ungleichheit und durch seine politische Praxis eindeutig als politisch rechts einordnen.

Gerade diese Punkte berücksichtigt eine aktuelle, in der (neo-)marxistischen Tradition stehende, Definition von Karl Heinz Roth:

»Der Faschismus war eine gegenrevolutionäre Bewegung der herrschenden Klassen, Mittelschichten und proletarischen Randgruppen, die nach dem ersten Weltkrieg in den meisten europäischen Ländern gegen die sozialen Massenaufstände der Arbeiter, Kleinbauern und einfachen Soldaten gerichtet war und eine radikale wie gewalttätige ›Neugründung‹ ihrer jeweiligen Nation vorantrieb. Sie verbreiterte sich in der Weltwirtschaftskrise, eroberte … teilweise die politische Macht und führte danach zu einem in seiner Qualität neuartigen Raub- und Vernichtungskrieg nach innen und außen. Die ›volksgemeinschaftlich erneuerte‹ Nation sollte zum Kern einer restaurierten oder neu geschaffenen imperialistischen Herrschaftssphäre gemacht und eine spezifische neue Phase der ›endlosen Kapitalakkumulation‹ (Wallerstein) eingeleitet werden. In diesem Sinn haben wir zwischen Bewegungs-, System- und Kriegsphase des Faschismus zu unterscheiden.« (Roth 2004: 37 f.).

Roths Definition zeichnet sich durch ihren klassenanalytischen und imperialismustheoretischen Bezug aus. In Absetzung von der klassisch realsozialistischen Tradition bezieht er den Faktor Massenbasis (Mittelschichten, proletarische Randgruppen) mit ein. Fraglich ist jedoch, ob nicht der

Faschismus als gegenrevolutionäre Bewegung klassenanalytisch nach Bewegungs- und Regimephase stärker zu differenzieren wäre. War er z. B. schon in der Bewegungsphase ein Projekt der herrschenden Klasse, oder wurde er es erst mit der Chance zur Machterlangung? Ferner fällt auf, dass Rassismus und Antisemitismus kein explizites Element der Rothschen Definition sind.

In der neueren Faschismusdiskussion hat vor allem die Arbeit »Anatomie des Faschismus« von Robert O. Paxton größere Aufmerksamkeit gefunden. Auch Paxton orientiert sich am Realtyp, versucht jedoch die unterschiedlichen Ausformungen des Faschismus in den Blick zu nehmen, indem er den Faschismus als einen Zyklus von fünf Stadien zu fassen versucht: »(1) Die Entstehung einer Bewegung; (2) ihre Verwurzelung im politischen System; (3) ihr Griff nach der Macht; (4) die Machtausübung und schließlich (5) die langfristige Entwicklung«, die er als Alternative zwischen Radikalisierung oder Niedergang begreift (Paxton 2006: 41). Die Unterscheidung verschiedener Stadien des Faschismus erlaubt es, auch die große Zahl der Bewegungen, die über das Stadium 2 bzw. 3 nie hinausgekommen sind, mit zu analysieren. Wiewohl Paxtons Darstellung sich auf den historischen Faschismus bezieht, ist klar, dass es sich für ihn nicht um ein abgeschlossenes historisches Phänomen handelt. Bei der Frage nach den heutigen Potenzialen des Faschismus wird auf sein Stadienmodell zurückzukommen sein. Laut Paxton kann Faschismus definiert werden »als eine Form des politischen Verhaltens, das gekennzeichnet ist durch eine obsessive Beschäftigung mit Niedergang, Demütigung oder Opferrolle einer Gemeinschaft und durch kompensatorische Kulte der Einheit, Stärke und Reinheit, wobei eine massenbasierte Partei von entschlossenen nationalistischen Aktivisten in unbequemer, aber effektiver Zusammenarbeit mit traditionellen Eliten demokratische Freiheiten aufgibt und mittels einer als erlösend verklärten Gewalt und ohne ethische oder gesetzliche Beschränkungen Ziele der inneren Säuberung und äußeren Expansion verfolgt.« (Ebd.: 319)

Paxtons Definition enthält in bewusster Abstraktion entscheidende Elemente des Faschismus, deren konkrete inhaltliche Füllung – welcher Art sind z. B. die »Kulte der Einheit, Stärke und Reinheit« – von den je konkreten Faschismen abhängt und variieren kann. Zu fragen wäre, ob der Rassismus bzw. eine Vorstellung völkisch begründeter Homogenität nicht ebenfalls konstitutiv für alle bisherigen Faschismen war.

Emilio Gentile entwickelt seine zehn Punkte umfassende Definition vor allem am italienischen Faschismus. Dennoch umfasst sie Elemente, die einer allgemeinen Definition zuzurechnen sind. Gentile unterscheidet drei Dimensionen des Faschismus, die miteinander verflochten sind: eine organisatorische, eine kulturelle und eine institutionelle Dimension. Für die organisatorische Seite benennt er die klassenübergreifende Massenbewegung mit einem Schwerpunkt bei den Mittelschichten, die Parteimilizen und ihre Bereitschaft zur terroristischen Gewalt sowie die Verbindung von parlamentarischer Taktik und Zusammenarbeit mit den alten Eliten mit dem Ziel, die parlamentarische Demokratie zu zerstören. Die kulturelle Dimension umfasst laut Gentile mythische und vitalistische Elemente, verknüpft mit einem Mythos der Jugend; eine antimaterialistische, antiliberale, antidemokratische und antimarxistische Ausrichtung, verbunden mit populistischen und antikapitalistischen Elementen, sowie die Vorstellung eines »neuen Menschen« und eine totalitäre Vorstellung von Staat und Politik. Der dem Faschismus eigene Nationalismus wird völkisch begründet und richtet sich gegen alle, die als Feinde oder Angehörige vermeintlich minderwertiger »Rassen« begriffen werden. Die institutionelle Dimension beinhaltet den terroristisch genutzten Polizeiapparat zur Kontrolle und Unterdrückung jeder Opposition; die symbiotische Verbindung von Partei und Staat; eine auf einen Führer ausgerichtete Einheitspartei; eine korporatistische Ausrichtung der Wirtschaft unter Ausschaltung der freien Gewerkschaften bei Beibehaltung des Privateigentums und der Klassenspaltung und schließlich die politische Ausrichtung auf imperialistische Expansion (Gentile 2008: 71 ff.).

Die hier angeführten Definitionen zeichnen sich durch ihren unterschiedlichen Umfang und durch die Variation bestimmter inhaltlicher Elemente aus. Sie überschneiden sich jedoch in zahlreichen Punkten, die sich auch in weiteren, hier nicht angeführten Definitionen finden. Daraus lässt sich ein Raster von Elementen ableiten, die mindestens vorhanden sein müssen, um von Formen des Faschismus sprechen zu können. Die Schwierigkeit und der Streit bestehen in der Gewichtung der unterschiedlichen Elemente: Ist etwa der Nationalismus als Element zentraler als der Rassismus? Ist die Bereitschaft zur terroristischen Gewalt eine Voraussetzung des Faschismus? Sind Krieg und Imperialismus wesentliche Inhalte des Faschismus? Wir können und wollen eine Gewichtung der Elemente nicht vornehmen, schlagen aber folgende Mindestbedingungen vor, um den Faschismusbegriff sinnvoll verwenden zu können:

1. *Ideologische Bezugspunkte:* ein völkischer Nationalismus, verbunden mit der Vorstellung eines Wiederaufstiegs und einer Erlösung der Nation; Antisemitismus, Antikom-

munismus, die Wendung gegen Vorstellungen und Werte der Aufklärung (Liberalismus, Individualismus, Demokratie); eine rassistisch bzw. ethnisch begründete Vorstellung von Ungleichheit, die sich in der Organisation der Gesellschaft widerspiegeln soll.

2. *Soziale Basis:* vorwiegend Mittelklassen, Kleinbürgertum, Handwerker, kleine Selbstständige in der Bewegungsphase; in der Regimephase ein politisches Bündnis mit den traditionellen Eliten aus Kapital, Militär, Bürgertum und Beamtentum.

3. *Organisatorische Ausrichtung:* eine auf einer Massenbewegung fußende, auf einen Führer orientierte Partei; der Aufbau von paramilitärischen Gruppen, die terroristische Gewaltausübung gegen überwiegend linke politische Gegner und als Feinde erachtete Gruppen; die Verbindung zu den alten Eliten und die Festigung ihrer ökonomischen bei gleichzeitiger Infragestellung ihrer politischen Position.

4. *Soziale Funktion:* entgegen des völkischen Antikapitalismus vor der Machterlangung Bewahrung des großen kapitalistischen Privateigentums, korporative Organisation der Wirtschaft, Unterdrückung von sozialen und politischen Rechten der arbeitenden Klassen bei gleichzeitiger terroristisch abgesicherter völkischer Homogenisierung der Gesellschaft und die Überwindung des Klassenkampfs und seine Ersetzung durch einen »Rassenkampf«.

5. *Politische Praxis:* die gewaltsame Ausschaltung aller abweichenden, demokratischen und auf soziale Partizipation ausgerichteten Organisationen; die Ersetzung der Demokratie durch eine autoritäre, durch einen Führer repräsentierte Staatsform; die aggressive Wendung nach außen/imperialistischer Expansionsdrang zur Durchsetzung des versprochenen nationalen Aufstiegs.

Alle bisherigen Faschismen entstanden in politischen und sozialen Krisensituationen der jeweiligen Länder und boten sich als besondere Form bürgerlicher Herrschaft an, um die Existenz der kapitalistischen Produktionsweise mit direkter Ausübung von Gewalt zu sichern. Ob sich daraus schließen lässt, dass auch heute die Stunde des Faschismus in fundamentalen Krisensituationen schlägt, ist eine Frage, die für das 21. Jahrhundert nicht weniger bedeutend ist, als sie es für das 20. Jahrhundert war. Ihr werden wir im letzten Kapitel des Buches nachgehen.

II. Geschichte

1. Der Faschismus auf dem Weg zur Macht – PNF und NSDAP

Historische Voraussetzungen

Wie bereits angeführt gab es in einer ganzen Reihe von Ländern nach dem Ersten Weltkrieg faschistische Bewegungen, von denen jedoch nur die in Italien und Deutschland im Bündnis mit den konservativen Eliten zur Macht gelangten. Der Faschismus als Bewegung und Regime nahm in Italien seinen Ausgangspunkt, von hier stammt auch der Name »Faschismus«, der sich auf »fasci di combattimento« – Kampfbünde – zurückführen lässt. Insofern orientiert sich eine historisch argumentierende Faschismusforschung am Ursprungsfaschismus Italiens und leitet von hier Gemeinsamkeiten und Unterschiede zu anderen Faschismen ab. Gerade der Blick auf Voraussetzungen, Ausprägungen und politische Funktion dieser Bewegungen in Italien und Deutschland rechtfertigt ihre gemeinsame Bezeichnung als faschistisch.

Was waren nun die Voraussetzungen dafür, dass sich in diesen beiden Ländern faschistische Bewegungen bilden konnten, die den Weg zur Macht fanden und schließlich Europa und die Welt über gut zwei Jahrzehnte entscheidend prägen konnten? Klar ist, dass die Ursachen des Faschismus in den je konkreten Situationen der Länder zu suchen sind, in denen er zu Einfluss oder gar zur Macht gelangte. Auch die Definition des Faschismus als Diktatur der reaktionärsten Kräfte des (Finanz-)Kapitals (Dimitroff, vgl. Kap. I. 2.) legt nahe, nach Gründen zu suchen, warum diese reaktionärsten Kräfte gerade in Ländern wie Italien und Deutschland zu finden waren.

Der Historiker Wolfgang Schieder nennt drei Voraussetzungen, die sowohl in Italien als auch in Deutschland vorhanden waren und die Herausbildung des Faschismus entscheidend begünstigten. Erstens bildete sich in beiden Ländern relativ spät im 19. Jahrhundert ein einheitlicher Nationalstaat (Italien 1861, Deutschland 1871) heraus. Am Anfang des 20. Jahrhunderts war damit weder nach innen noch nach außen geklärt, wen und was die Nation umfassen sollte. Während in Italien das Risorgimento (die italienische Einheit) von den aristokratischen und bürgerlichen Kräften als unvollendet angesehen und von den ›unerlösten‹ Gebieten (Irredenta) gesprochen wurde, sahen eben jene gesellschaftlichen Gruppen in Deutschland die Einigung des Reiches ohne Österreich – aber mit Elsaß-Lothringen – als »kleindeutsche« Lösung an. Zu diesen ungeklärten Außengrenzen kam ein aggressiver Imperialismus, der den kolonialen Vorsprung der arrivierten europäischen Mächte einholen wollte und sich in beiden Ländern mit einer starken nationalistischen Bewegung verband. Schieder schreibt: »Die Verbindung von nationalistischer Mobilisierung und außenpolitischer Aggressivität unterschied den Imperialismus Deutschlands und Italiens deutlich von dem der saturierten Nationalstaaten des Westens mit ihrem altkolonialen Erbe.« (Schieder 2008: 351)

Zweitens gestaltete sich in beiden Ländern der Übergang von einer monarchistisch geprägten politischen Verfassung zu einem liberal-demokratischen Staat äußerst schwierig. Sowohl in Italien als auch in Deutschland wurde diese Entwicklung von den alten Eliten aus Aristokratie, Beamtenschaft, Militär, Klerus und Wirtschaft bekämpft. Antidemokratische Kräfte hatten somit in beiden Ländern starken Einfluss auf die nationale Politik und konnten eine nationalistische und imperialistisch orientierte Massenbewegung initiieren, die für den Weg in den Ersten Weltkrieg und später in den Faschismus wichtig werden sollte.

Schließlich nennt Schieder drittens den ökonomischen Strukturwandel, bei dem es jedoch die größten Unterschiede zwischen Italien und Deutschland gab. Während Italien zu Beginn des 20. Jahrhunderts erst am Anfang seiner industriellen Entwicklung stand, war Deutschland zum führenden Industrieland aufgestiegen und hatte England in dieser Rolle überholt. In beiden Ländern sei jedoch die politische Entwicklung der ökonomischen Veränderung stark hinterhergehinkt, was spätestens mit der gesellschaftlichen Erschütterung durch den Ersten Weltkrieg zu einer massiven sozialen Krise führte. Die faschistischen Bewegungen entstanden in Italien und Deutschland im Rahmen dieser Krise und boten, im Sinne der herrschenden Klasse, einen Ausweg an. Erst das zeitliche Zusammentreffen der drei genannten Entwicklungen bereitete laut Schieder (2010: 11 ff.) dem Faschismus sowohl in Italien als auch Deutschland die entscheidende Voraussetzung zur Machterlangung. Als unmittelbarer Auslöser für den Faschismus als Bewegung muss der Erste Weltkrieg gelten, in dessen Folge in beiden Ländern die faschistischen Bewegungen entstanden.

Der Erste Weltkrieg und seine Folgen

Während Deutschland zu den Verlierern des Ersten Weltkriegs gehörte, stand Italien formal auf Seiten der Sieger. Hatte sich das Land 1914 noch für neutral erklärt, so trat es 1915 an der Seite der Entente (Frankreich, England, Russland) in den Krieg ein. Grund hierfür waren die Hoffnung auf territoriale Gewinne und eine nationalistische Mobilisierung. Mussolini – zu dieser Zeit noch Mitglied der Sozialistischen Partei – gehörte zu jenen, die einen Kriegseintritt entschieden forderten und die nationalistische Stimmung bedienten. Indes entwickelte sich auch für Italien der Krieg zu einem Abnutzungskrieg mit hohen Verlusten an Menschenleben und einer damit einhergehenden Brutalisierung. An seinem Ende stand zwar ein formaler Sieg, der jedoch bei weitem nicht den übersteigerten nationalistischen Erwartungen entsprach. Das Wort des »verstümmelten Sieges« wurde von nationalistischer Seite geprägt, womit die chauvinistischen Emotionen weiter angeheizt und gegen die Nachkriegsregierung gelenkt wurden. Die Besetzung der freien Stadt Fiume durch die Freischaren des Schriftstellers Gabriele D'Annunzio 1919 war ein Vorspiel der nationalistischen Welle, das von Mussolini und den Faschisten genutzt wurde, um schließlich frontal gegen das bürgerlich-demokratische System vorzugehen.

Am 23. März 1919 gründete der spätere Duce in Mailand den ersten italienischen Kampfbund (Fascio italiano di combattimento). Nur rund 200 Teilnehmer waren zugegen, doch schnell sollten sich solche Fasci im ganzen Land bilden. Dem italienischen Historiker Brunello Mantelli (2008: 35) zufolge fanden sich in den frühen Kampfbünden Männer aus vier unterschiedlichen politischen Richtungen: ehemalige Gewerkschafter, die 1914 auf die Seite der Kriegsbefürworter gewechselt waren; einige wenige sich als links verstehende Interventionisten; Künstler und Intellektuelle des Futurismus und als zentrale Gruppe ehemalige Angehörige der italienischen Elitetruppen des Weltkrieges, die Arditen, deren brutaler militärischer Stil prägend für die Fasci wurde. Seinen Aufschwung zur Massenbewegung und zum Bündnispartner der herrschenden Klasse errang der Faschismus in den sozialen Kämpfen der Nachkriegszeit, die Italien ebenso erschütterten wie Deutschland. Charakteristisch für Italien ist dabei die starke Bedeutung der Landwirtschaft. Hier kam es 1920/21 zu heftigen sozialen Konflikten: Landbesetzungen und die Forderung der Landarbeiter, das Land an diejenigen zu verteilen, die es bearbeiteten, heizten die ohnehin seit dem russischen Oktober 1917 vorhandene Revolutionsangst der besitzenden Klassen weiter an. Der Frühfaschismus bot sich hier als gewalttätiger Ordnungsfaktor der Agrarbourgeoisie an. Der sogenannte »Squadrismo«, die gewaltsamen Überfälle faschistischer Trupps auf streikende Landarbeiter und ihre Dörfer, offenbarte das terroristische Potenzial des Faschismus, das sich mit den Interessen der herrschenden Klasse verband. Soziale Unruhen gab es aber auch in den städtischen Industrien. Die Streiks und Fabrikbesetzungen bei Fiat in Turin waren für die Bourgeoisie das Schreckgespenst der Revolution, vor der man sich zur Not auch mit Hilfe des Faschismus zu schützen suchte. Auch hier wurde der Faschismus zum Ordnungsknüppel der sozialen Reaktion. Der Weg des Faschismus zur Massenbewegung nahm hier seinen Ausgang: Hatte die faschistische Partei 1920 erst 20.000 Mitglieder, so waren es ein gutes Jahr später bereits 250.000.

Wie in Italien so mündete auch in Deutschland der Erste Weltkrieg in einer massiven Destabilisierung der sozialen

Ordnung und schließlich im Kollaps des politischen Systems. Die Novemberrevolution, die Abdankung des Kaisers und die Ausrufung der Republik waren ein Schock für die nationalistischen und konservativen Kräfte, die jede Verantwortung für den verlorenen Weltkrieg von sich wiesen. Ähnlich wie in Italien der Ausdruck des »verstümmelten Sieges« zur innenpolitischen Kampfparole der Rechten gegen Demokraten und Linke wurde, vergiftete in Deutschland die »Dolchstoßlegende« – die Behauptung, das Militär sei im Krieg nicht geschlagen worden, sondern die allgemeine Kriegsmüdigkeit, die Revolution und die Annahme des Versailler Friedens seien für die Niederlage und ihre Folgen verantwortlich – das politische Klima. Aus den Reihen des sich auflösenden Heeres bildeten sich bewaffnete Verbände, sogenannte Freikorps, die mit äußerster Gewalt die sozialen Unruhen niederschlugen und zu bewaffneten Hilfstruppen der von der SPD geführten neuen Regierung wurden. Zahlreiche Angehörige dieser Freikorps fanden später den Weg zum Nationalsozialismus und in die Sturmabteilung (SA). Die Revolutionsfurcht war in der herrschenden Klasse Deutschlands ebenfalls verbreitet, und auch hier hatte man keine Skrupel, sich der gewalttätigen Freikorps zu bedienen, um den beginnenden Bürgerkrieg für sich zu entscheiden. Während der Faschismus in Italien in nur vier Jahren nach dem Ende des Ersten Weltkriegs zur Macht kam, benötigte er in Deutschland fast 15 Jahre. Hier gelang der Durchbruch zur Massenbewegung erst mit der Weltwirtschaftskrise 1929, die den Beginn der endgültigen Zerstörung der Weimarer Republik markierte.

Ausgangspunkte des Faschismus waren in beiden Ländern die Bestrebungen, sich nicht mit den Kriegsergebnissen abzufinden und die sozialen Unruhen niederzuhalten. Die Beschreibung der sozialen Funktion des Faschismus als

Bündnispartner der herrschenden Klasse gegen die politische Linke und die befürchtete Revolution – auch wenn diese in Deutschland bereits niedergeschlagen war und auch in Italien keine realistische Möglichkeit mehr darstellte – findet in der historischen Praxis ihre Bestätigung. Linke und marxistische Faschismustheorien knüpfen an diese historischen Erfahrungen an.

Partei und Kampfbünde

Der Bewegungscharakter des Faschismus ist in Italien besonders ausgeprägt: Die Fasci di combattimento und die Squadren waren zunächst das beherrschende Element, wohingegen der Partito Nazionale Fascista (PNF) erst 1921 von Mussolini aus der Taufe gehoben wurde, um der Bewegung eine feste Struktur zu geben, vor allem ihm selbst aber die uneingeschränkte Führung zu sichern. Denn diese war keineswegs von Anfang an gegeben, standen doch mit den lokalen Anführern der Squadren, den sogenannten Ras, teils einflussreiche Konkurrenten bereit, die die unumschränkte Herrschaftsgewalt des Duce nicht von vorneherein anerkennen wollten. Während der Terror, mit dem die Kampfbünde das Land und die städtischen Arbeiterquartiere überzogen, im Interesse der lokalen Bourgeoisie lagen, verschreckte der Faschismus mit diesem Auftreten gleichzeitig potenzielle Bündnispartner unter den politischen Eliten. Wollte der Faschismus nicht ausschließlich den gewaltsamen Weg zur Machteroberung gehen, musste Mussolini versuchen, die Bewegung stärker zu zentrieren. Die Parteiförmigkeit war hierfür ein Mittel. Kennzeichnend für den Faschismus blieb aber gerade die zumindest verbale Dualität der politischen Strategie: Einerseits suchte Mussolini nach Kooperation mit den konservativen Eliten, d. h. nach einem legalen Weg zur

Macht, andererseits drohte er unverhohlen mit der gewaltsamen Eroberung der Staatsmacht durch die faschistischen Kampfbünde. Die Drohung mit dem Bürgerkrieg und das gleichzeitige Angebot, mit der Machtübertragung an den Faschismus eben diesen abzuwenden, war das Erfolgsrezept Mussolinis. Hitler und die NSDAP haben nach diesem Drehbuch elf Jahre später dem italienischen Vorbild nachgeeifert. Der »Marsch auf Rom« 1922 – eine Drohgebärde Mussolinis, jedoch keine ernsthafte militärische Gefahr für den italienischen Staat – war der propagandistisch verklärte Mythos einer Eroberung der Macht, die dem Faschismus jedoch von der konservativen Elite übertragen wurde.

Die NSDAP ging 1920 aus der »Deutschen Arbeiterpartei« (DAP) hervor, die eine der unzähligen Parteigründungen nach dem Weltkrieg im rechten politischen Spektrum war. Schon der von der NSDAP übernommene Anspruch einer »Arbeiterpartei« verdeutlicht das ideologisch heterogene Reservoir des Frühfaschismus. Auch das »25-Punkte-Programm« der NSDAP von 1920 zeigt eine Mischung aus radikalem Nationalismus, Antisemitismus, Rassismus und einem rechten Antikapitalismus, mit der die Partei unterschiedliche soziale Schichten anzusprechen hoffte. Diese inhaltliche Heterogenität bereitete Hitler, nachdem er sich als »Führer« der Partei durchgesetzt hatte, ähnlich wie Mussolini einige Schwierigkeiten. Sie führten zu heftigen Flügelkämpfen innerhalb der Partei, die – nach der Ausschaltung des »linken« Strasser-Flügels 1930 – erst mit dem sogenannten »Röhmputsch« 1934 endgültig und terroristisch gelöst wurden. Wie sehr das italienische Vorbild prägend war, zeigt der dem »Marsch auf Rom« nachempfundene »Marsch auf die Feldherrnhalle« 1923 in München, mit dem die Nazis hofften, durch einen gewaltsamen Putsch die Staatsmacht erobern zu können. Anders als Mussolini hatte Hitler zu diesem Zeitpunkt jedoch viel zu geringe Beziehungen zu den konservativen Eliten, so dass das putschistische Unternehmen in einem Desaster endete. Hitler und die NSDAP lernten aus dieser Niederlage und erlangten schließlich mit der Mussolini abgeschauten Doppelstrategie – selbst den Straßenterror zu forcieren und sich als Schutz vor eben diesem anzubieten – die Macht von den konservativen Eliten.

Sowohl die PNF als auch die NSDAP waren keine Klassenparteien, sondern frühe Formen von »Volksparteien«, wenngleich in beiden eine Überrepräsentation der Mittelschichten zu verzeichnen ist. Die in Teil I vorgestellten Mittelstandstheorien beziehen sich hierauf. Während die organisierten Teile der Arbeiterschaft in hohem Maße resistent gegenüber dem frühen Faschismus blieben, konnte dieser doch Einbrüche bei deren nicht organisierten Teilen und Randschichten erzielen. Ein fundamentaler Unterschied zu anderen Formen diktatorischer Herrschaft sind der Massencharakter und die Bewegungsform des Faschismus. Sowohl PNF als auch NSDAP entwickelten sich schon vor der Machtübernahme, aber erst recht danach, zu Massenparteien.

Auch wenn deren Mitgliedschaft heterogen war, machte die von den jeweiligen Kampfbünden ausgehende Gewalt gegen den politischen Gegner den Klassencharakter des Faschismus deutlich. Gegen wen richtete sich diese Gewalt? Primäres Ziel der faschistischen Kampfbünde waren in Italien wie in Deutschland die Arbeiterbewegung und ihre Organisationen. Während der Agrarfaschismus in Italien vor allem gegen die organisierten Landarbeiter gerichtet war, zielte der Terror in den Städten gegen Gewerkschaften, Kommunisten und Sozialisten. Die Hochburgen der Linken waren die

Schwerpunktgebiete der faschistischen Angriffe und sollten der Einschüchterung des Gegners dienen. Gezielt wurden lokale Partei- und Gewerkschaftsbüros überfallen, Anhänger der Linken misshandelt und getötet. Nicht nur, dass diese Angriffe mit Hilfe und logistischer Unterstützung z. B. der Großagrarier stattfanden, auch der Staat reagierte zurückhaltend und ermutigte somit die faschistische Gewalt (vgl. Reichardt 2002: 61). Das Ausmaß des faschistischen Terrors war in Italien weitverbreiteter und flächendeckender als in Deutschland, nicht zuletzt aufgrund dieser Form der Ermutigung und Unterstützung durch Teile der alten Eliten.

Auch in Deutschland richtete sich die Gewalt der SA gegen die politische Linke, und auch hier versuchten die faschistischen Kampftruppen, die Gewalt direkt zum politischen Gegner zu tragen. Gezielte Angriffe in Arbeitervierteln, auf Parteibüros von SPD und KPD und auf politische Versammlungen der Linken wurden besonders zu Beginn der 1930er Jahre ein nahezu alltägliches Phänomen. Anders als in Italien, wo die Faschisten schnell die Oberhand gewannen, war in Deutschland vor allem die kommunistische Linke selbst zu militanten Aktionen bereit und fähig. Dies münzte die faschistische Propaganda in die Behauptung um, sich gegen die kommunistische Gewalt zur Wehr setzen zu müssen. Sven Reichardt hat jedoch nachgewiesen, dass die SA-Gewalt keineswegs reaktiv, sondern offensiv ausgerichtet war (vgl. ebd.: 98 f.). Resümierend schreibt er: »Funktional gesehen diente die Gewalt der beiden faschistischen Kampfbünde drei Zwecken: erstens der Lahmlegung des politischen Gegners durch direkte Gewalt, zweitens dem inneren Zusammenhalt der Kampfbünde durch das ›Kampferlebnis‹ selbst und drittens der öffentlichen Demonstration faschistischer Stärke und Ordnung.« (Ebd.: 135)

Massenbasis und militante Kampfverbände sind entscheidende Elemente faschistischer Bewegungen und beides machte den Faschismus zu einem attraktiven Bündnispartner der herrschenden Klasse gegen die Arbeiterbewegung. Für den Weg des Faschismus zur Regierungsgewalt sind die wortgewaltigen Versprechen Mussolinis und Hitlers, mit der Linken notfalls auch gewaltsam abzurechnen, entscheidend. Zahlreiche linke Faschismusdeutungen haben über diese Aspekte hinausgehende faschistische Ideologiemomente jedoch vernachlässigt, insbesondere den Rassismus und Antisemitismus (vgl. dazu Kap. I.3. und Kap. II.2.).

Führerfiguren: Mussolini und Hitler

Linke Faschismusinterpretationen haben lange Zeit davor zurückgescheut, die Rolle der faschistischen Führer Mussolini und Hitler hervorzuheben, weil, so ihr Argument, mit jeder Form der Personalisierung immer auch die Gefahr der Verharmlosung verbunden sei. Inzwischen sind sich die meisten WissenschaftlerInnen jedoch darin einig, wie hoch die Bedeutung von Mussolini und Hitler einzuschätzen ist. Teilweise wird auch in linken Deutungen an das Konzept der charismatischen Herrschaft angeknüpft, das an Max Weber anschließend die zentrale Rolle von Duce und Führer für die Massenkompatibilität des Faschismus hervorhebt. Obwohl der Faschismus nicht als Führerregime gedeutet werden kann, sondern vielmehr sein polykratischer Charakter von Bedeutung ist, sind die Führerfiguren für die Integration seiner heterogenen Bewegung doch entscheidend.

Während Mussolini ursprünglich der sozialistischen Bewegung Italiens entstammte und es in dieser sogar bis zum Chefredakteur des Parteiblatts »Avanti« brachte, ist Hitler das Paradebeispiel einer gescheiterten kleinbürgerlichen

Existenz. Durch die Teilnahme am Ersten Weltkrieg wesentlich geprägt, fand er in den revolutionären Unruhen 1918/19 den Weg in die nationalistische und reaktionäre Bewegung. Auch für Mussolini war der Krieg der entscheidende politische Wendepunkt: Er wurde zum Befürworter des Kriegseintritts Italiens und zum glühenden Nationalisten.

Kennzeichnend für beide war ihr ungewöhnliches rhetorisches Talent, das sie in den neuen Zeiten der Massenpolitik schnell aus der Reihe der politischen Führer heraushob und zu charismatischen Sprechern ihrer Bewegungen machte. In diesem Sinne waren beide Führerfiguren wesentlich für die Massenansprache durch den Faschismus und zentraler Bezugspunkt der heterogenen Anhängerschaft.

Als klassenübergreifende »Volksparteien« mussten die faschistischen Parteien unterschiedliche, ja teils gegensätzliche Interessen ansprechen. So gab es in der NSDAP einen »linken« Flügel, der auf Umsetzung der antikapitalistischen Propaganda drang. Und auch Mussolini musste sich mit den Forderungen der lokalen Führer auseinandersetzen, eine »faschistische Revolution« gegen die alten Eliten zu betreiben. Beide Führer wussten jedoch, dass sie damit die Basis ihrer Macht – das Bündnis mit der herrschenden Klasse – gefährdeten. Ihre Autorität und charismatische Ausstrahlung waren nötig, um die widerstreitenden Kräfte der Bewegung zu bündeln und sie als einheitlichen Block, repräsentiert durch den unbedingten Führerwillen, hinter dem sich die Bewegung sammelte, erscheinen zu lassen. Mantelli (2008: 51) schreibt dazu: »Benito Mussolini übernahm immer mehr die Rolle des charismatischen Führers. Man begann, ihn mit Duce anzureden: In Ermangelung eines Programms, das die Faschisten zusammenhält, ist es die Beziehung zum Duce, die diese Funktion übernimmt.« Und Martin Broszat (1992: 49) sieht im Nationalsozialismus »eine charismatische Bewegung (...), deren Weltanschauung durch den Führer Hitler verkörpert wurde und die ohne ihn alle Integrationskraft verloren hätte.«

Sowohl um Mussolini als auch um Hitler wurde sehr früh ein Führerkult geschaffen, der sich stark von der Politik der bisherigen Parteien unterschied. Zwar funktionierten die Regime in Italien und Deutschland nicht allein, oder auch nur vor allem, über die Entscheidungsgewalt von Duce und Führer, die grundlegende Ausrichtung und Radikalisierung – z. B. bei den Themen Antisemitismus oder Krieg – ging jedoch auf sie zurück. Nach der Machtübertragung intensivierte die faschistische Propaganda den Führerkult noch weiter. Mussolini und Hitler wurden zu omnipräsenten, die gesamte Bewegung überstrahlenden Figuren und zu den wichtigsten Garanten der Aufrechterhaltung des Massenkonsenses – gerade auch in Krisenzeiten der Regime. »Wenn das der Führer wüsste ...«, dieser Satz spiegelt die den alltäglichen politischen Ränken enthobene Rolle dieser Figuren wieder, die über die im Laufe der Zeit fortschreitende Desillusionierung gegenüber dem Regime weiterhin die Bindung der Massen garantierte. Was ihre reale Macht als zentrale Figuren innerhalb der faschistischen Regime angeht, so gibt es unterschiedliche Deutungen. Sehen einige Wissenschaftler z. B. den Nationalsozialismus als intentionale Führerbewegung und alle wesentlichen Entscheidungen in Hitlers Willen (Intention) begründet, so wird von strukturalistischer Seite der polykratische Charakter des Regimes mit seinen unterschiedlichen Machtgruppen betont. Demzufolge habe Hitler häufig eine eher abwartende Rolle gespielt, damit die Eigeninitiative der nachgeordneten Naziführer befördert und somit eine Art radikalisierenden destruktiven Wettbewerb in Gang gesetzt. Mit einer Entgegensetzung von Intentionalismus und Strukturalismus wird man einer Erklärung des Dritten Reiches jedoch nicht gerecht, wie Ian Kershaw (1994: 146) betont. Vielmehr bedürften beide Elemente einer Synthese: »Hitlers ›Intentionen‹ scheinen vor allen Dingen für die Schaffung eines Klimas wichtig gewesen zu sein, in dem die entfesselte Dynamik diese Absichten dann zu einer sich selbst bewahrheitenden Prophezeiung werden ließ.« Und weiter führt Kershaw aus, dass das NS-Regime einen klassischen Beweis für den Marxschen Satz liefere: »Die Menschen machen ihre eigene Geschichte, aber sie machen sie nicht aus freien Stücken, nicht unter selbstgewählten, sondern unter unmittelbar vorgefundenen, gegebenen und überlieferten Umständen.«

Vergleicht man die realen Machtmöglichkeiten der beiden Diktatoren, so konnte Hitler seine Herrschaftsgewalt über die ursprüngliche Bündniskonstellation mit den alten Eliten hinaus ausdehnen, was Mussolini bis ans Ende seiner Herrschaft nicht gelang. Während Mussolini 1943 vom König und durch den Willen des faschistischen Großrates abgesetzt werden konnte, gab es in Deutschland keine Instanz mehr, die Hitler ohne Gewalt die Macht streitig machen konnte.

Machtübertragung

Trotz der Stärke der faschistischen Bewegungen, trotz ihrer Massenbasis und ihrer militärischen Organisationen wäre weder in Italien noch in Deutschland der Faschismus ohne die Hilfe der alten Eliten an die Macht gelangt. Während die NSDAP immerhin im Sommer 1932 stärkste Partei wurde, konnte die PNF keinen vergleichbaren wahlpolitischen Erfolg aufweisen. Dennoch waren beide Parteien dank der

Krisensituationen so stark, dass sie als potenzielle Bündnispartner der alten Eliten in Frage kamen.

Im Sinne des Bonapartismusansatzes erschien die Situation Italiens am Ende des Ersten Weltkriegs als eine Art Pattsituation zwischen den Klassen, worauf die herrschende Klasse mit einem Bündnis mit den Faschisten reagierte, ohne jedoch damit – wie von der Bonapartismustheorie behauptet – die Staatsgewalt gänzlich in die Hände des Faschismus zu legen. Während die italienische Industrie durch die Rüstungsaufträge im Weltkrieg einen starken Aufschwung genommen hatte, setzte mit dem Ende des Krieges und aufgrund der hohen Verschuldung des Staates eine starke Inflation ein, die zu Reallohnverlusten bei den Beschäftigten führte. Soziale Proteste, Streikaktionen und Besetzungen von Betrieben, die es in dieser Form in Italien noch nie gegeben hatte, kennzeichneten die Situation nach dem Weltkrieg (vgl. Mantelli 2008: 23 ff.). Auf Seiten der Arbeiterbewegung und der Landarbeiter wurden Forderungen nach Lohnerhöhungen, Arbeitszeitverkürzungen, Aufteilung des Großgrundbesitzes und einer neuen Machtaufteilung zwischen den politischen Klassen gestellt. Die Kapitalseite hingegen strebte die vollständige Kontrolle der Arbeitskräfte, volle Freiheit bei Einstellungen und Entlassungen und die Festlegung der Lohnhöhe durch ihre Vertreter an (vgl. ebd.). Die Machtansprüche der Arbeiterbewegung, die durch die realen Aktionen in den Betrieben untermauert wurden, waren für die besitzende Klasse untragbar und man sah sich verstärkt nach Möglichkeiten um, die diesen Aktionen etwas entgegensetzen konnten. Der aufstrebende Faschismus mit seinem gewalttätigen Potenzial war diese Möglichkeit. Hinzu kam, dass es neben den ökonomischen Interessen auch starke Kräfte gab, die eine autoritäre politische Lösung anstrebten, und auch im Militär fand der nationalistische und auf territoriale Expansion zielende Kurs des Faschismus Anhänger.

Wie in Deutschland 1933 so war auch in Italien der Faschismus eine Option zur Bewältigung einer krisenhaften Situation – jedoch nicht die einzige. Umgekehrt gelang es Mussolini, den Faschismus so interessant für die herrschende Klasse zu machen, dass sie diese Option nutzte. Schieder spricht von einer politischen Doppelstrategie des Duce, mit der dieser sowohl den aktivistischen Bedürfnissen der Bewegung als auch den autoritär befriedenden Vorstellungen der herrschenden Klasse entgegenkam: »Im Laufe des Jahres 1921 entwickelte er eine riskante politische Doppelstrategie, die ihn 1922 tatsächlich an die Macht bringen sollte. Einerseits nahm er die Rolle des kompromissbereiten Staatsmannes ein, der die Regeln des politischen Systems achtete. Andererseits spielte er jedoch die umstürzlerische Kraft des Squadrismus aus, indem er mehr oder weniger unverblümt mit einem Putsch drohte.« (Schieder 2010: 24) Mussolini hatte erkannt, dass er nur mit und nicht gegen die alten Eliten an die Staatsmacht gelangen konnte. Der Marsch auf Rom war eben gerade keine Machteroberung, sondern Ausdruck des Einverständnisses der herrschenden Klasse, das Bündnis mit dem Faschismus einzugehen.

Hitler und die NS-Bewegung hatten einen längeren Weg zur Macht zurückzulegen, lehnten sich jedoch nach ihrem frühen putschistischen Fehlversuch von 1923 an das Modell des italienischen Faschismus an. Wie in Italien kam der entscheidende Durchbruch im Zusammenhang mit einer gravierenden ökonomischen Krise, deren soziale und ökonomische Folgen dem Faschismus starken Zulauf bescherten und ihn zu einer möglichen politischen Option der herrschenden Klasse machte. Die Weltwirtschaftskrise 1929 hatte für Deutschland und insbesondere für die abhängig Beschäftigten dramatische Auswirkungen. Die Arbeitslosigkeit schnellte in unvorstellbare Höhen und die soziale Lage für Millionen Menschen verschlechterte sich zunehmend. Vor allem kam es zu einer weitgehenden Erosion der Mittelklassen, von denen ein großer Teil eine Proletarisierung erlebte. Der Faschismus bot für diese Mittelklassen, aber auch für Teile der nicht organisierten Arbeiterschaft, ein politisches Ventil, was der NSDAP bei den Reichstagswahlen 1930 einen fulminanten Erfolg verschaffte. Von 2,6 Prozent 1928 schoss sie auf 18,3 Prozent hoch. Nur zwei Jahre später, im Juli 1932, wurde sie mit 37,4 Prozent stärkste Partei. Der Höhepunkt war erreicht, ohne jedoch eine wirkliche Mehrheit der WählerInnen gewonnen zu haben.

Politische Unruhen und Gewalt bestimmten die finalen Krisenjahre der Weimarer Republik. Während die SA – begünstigt durch Polizei und Justiz – die Gewalt nach Kräften vorantrieb, bot sich Hitler der herrschenden Klasse als derjenige an, der mit dem – von der SA entfachten – Straßenterror, der vom Faschismus und den alten Eliten allerdings den Kommunisten zugeschoben wurde, endgültig aufräumen würde. Dabei konnte noch viel weniger als in Italien von einem objektiven Gleichgewicht der Klassen in der Krise gesprochen werden. Dennoch waren die Ängste des Bürgertums vor »dem Bolschewismus« angesichts der Tiefe der kapitalistischen Krise seit 1929 durchaus real und die Suche nach einem zu allem bereiten Bündnispartner konsequent. Entscheidend für die Machtübertragung im Januar 1933 – nachdem die NSDAP in der Wählergunst bei den neuerlichen Reichstagswahlen im November 1932 mit 33,1 Prozent der Stimmen schon wieder deutlich verloren hatte, was von führenden Industriellen und konservativen Politikern mit der Aufforderung an Hindenburg beantwortet wurde, Hitler zum Reichskanzler zu ernennen – war jedoch die Übereinstimmung folgender politischen Ziele zwischen Faschismus und alten Eliten: Die Ablehnung der Weimarer Demokratie verband den Faschismus mit den konservativen politischen Eliten und der Bürokratie; die auf Expansion und Krieg gerichtete Politik Hitlers kam den außenpolitischen Zielen von Reichswehr, Industrie und politischer Führungsschicht entgegen; die Zerschlagung der Arbeiterbewegung war das Ziel vor allem der Kapitalseite, wurde aber von allen Teilen des Bündnisses als Voraussetzung einer aggressiv-imperialistischen Politik gesehen. Insofern lässt sich der von Franz Neumann am historischen Verlauf dargestellte und von Reinhard Kühnl und anderen analysierte Bündnisansatz für die Machtübertragung an die NSDAP bestätigen. Anders als Mussolini gelang es Hitler nach der Erlangung der Macht im Staate jedoch in kurzer Zeit, sich von diesem Bündnis mit den konservativen politischen Eliten als einem Verbund gleichwertiger Partner zu emanzipieren und immer mehr Macht in den Händen der NSDAP-Führung zu bündeln. Damit war keinesfalls die weitgehende Identität der Ziele aufgegeben. Sie blieb in den meisten Fällen bis zur Niederlage bei Stalingrad erhalten. Allerdings zeigt die Entwicklung der faschistischen Machtkonsolidierung in Deutschland, dass die relative Autonomie gegenüber den Bündnispartnern hier weitaus größer war als in Italien. Für marxistische Faschismusdeutungen bedeutet dies, dass zwischen dem Faschismus auf dem Weg zur Macht und dem Faschismus an der Macht deutlicher unterschieden werden muss.

2. Faschismus an der Macht – Italien und Deutschland

Konsolidierungsphase: Gewalt und Schritte auf dem Weg zur Diktatur

Man geht fehl in der Annahme, dass mit der Machtübernahme der italienischen Faschisten im Oktober 1922 und der Ernennung Adolf Hitlers zum Reichskanzler Ende Januar 1933 die Etablierung der faschistischen Herrschaft bereits abgeschlossen gewesen wäre; auch kam es in Deutschland schon zu Beginn der 1930er Jahre zur schrittweisen Ersetzung der parlamentarischen Demokratie durch autoritäre Elemente (Präsidialkabinette unter Brüning, Papen und Schleicher), womit der Weg in die Diktatur vorgezeichnet wurde. Vielmehr sind diese Daten als der Beginn von Konsolidierungsphasen anzusehen, die in beiden Ländern unterschiedlich ausgeprägt waren und auch zu verschiedenen Ergebnissen führten. Während in Italien 15 Jahre nach dem Marsch auf Rom noch zahlreiche Elemente des liberalen Staates vorhanden waren und der faschistische Staat im Grunde genommen mit vielen Elementen eines konservativen autoritären Staates vermischt war, stellte sich dies in Nazi-Deutschland anders dar: Hier ging die Konsolidierungsphase viel rascher vonstatten, und der Staat wandelte sich zu einer radikalen faschistischen Parteidiktatur (vgl. Paxton 2006: 177f.).

In Italien kam die faschistische Bewegung mit ihrem Führer Mussolini legal durch eine Koalitionsregierung an die Staatsmacht. Brunello Mantelli (2008: 60) charakterisiert das Ereignis des 28. Oktober 1922 mit den Worten: »Am 28. Oktober fand keine Revolution im engeren Sinne statt. Doch es wurde der Widerspruch zwischen der liberal-parlamentarisch konstitutionellen Struktur und der administrativ-autoritär institutionellen Praxis aufgelöst, der den italienischen Staat seit seiner Entstehung charakterisiert hatte. Nun überwog die autoritäre Praxis.«

Wie diese aussah, zeigte sich wenig später: Mussolinis Bitte, für ein Jahr mit Notverordnungen zu regieren, wurde am 24. November 1922 stattgegeben. Ein fataler Beschluss, denn die Hoffnung, dass Mussolini sich – sobald er erst freie Hand habe – der politischen »Normalität« annähere, erwies sich als Illusion. Die gewalttätige Seite der Faschisten hatte sich erneut bereits am 18. November gezeigt: Als in Turin infolge eines Schusswechsels zwei Faschisten verletzt wurden, setzte eine Welle von Gewalt ein, die sich vornehmlich gegen sozialistische und kommunistische Einrichtungen und Personen richtete. Die Polizei unternahm nichts, die Täter konnten sich gar ihrer Taten rühmen. Den Protagonisten des Faschismus kam es aber nicht nur allein darauf an, die Machtpositionen des Staates zu erlangen und die politischen Gegner einzuschüchtern, sondern sie wollten dem Staat ihre Merkmale aufdrücken. Das wurde im Jahr 1923 durch zwei wichtige Schritte deutlich. Zum einen wurde die Gewalt der Schwarzhemden legalisiert, indem die Kampfbünde organisatorisch zu einer freiwilligen Sicherheitspolizei zusammengefasst wurden: der Milizia Volontaria per la Sicurezza Nazionale (MVSN). Allerdings werteten die faschistischen Extremisten diese Maßnahme als Angriff auf ihre Machtposition. In der Folge wurde die Bewegung bis in das Frühjahr 1924 von einer heftigen Krise in Atem gehalten, die sich in Absplitterungen und gewalttätigen Auseinandersetzungen manifestierte. Mussolini gelang es, sich als Vermittler zwischen den »Fronten« zu etablieren.

Der zweite Schritt bestand in der Gründung des faschistischen Großrates, einer Art Superregierung, der die eigentliche

Regierung nachgeordnet war. In beiden Fällen wurden somit Organe der Partei in die Institutionen des Staatswesens eingefügt. Reformen der höheren Bildung sowie der Verwaltung sorgten dafür, dass das hierarchische und autoritäre Prinzip weiter Anwendung fand. Das Parlament spielte in dieser Zeit keinerlei Rolle. Als sich das Jahr mit den Sondervollmachten Mussolinis dem Ende zuneigte, war es den Faschisten zwar gelungen, einen großen Teil des Staatsapparates in ihre Hände zu bringen, doch im Parlament besaß die faschistische Partei lediglich 35 Abgeordnete. Mussolini war also gezwungen zu handeln. Er tat dies, indem er das Wahlrecht änderte. Eine nach Giacomo Acerbo, dem Staatssekretär des Ministerpräsidenten, benannte Wahlrechtsreform ersetzte das Verhältniswahlrecht durch ein Listen-Mehrheitssystem, welches diejenige Liste, die eine einfache Mehrheit der Wählerstimmen erzielt hatte, mit zwei Dritteln der Sitze prämierte. Der Wahlkampf für das Votum am 6. April 1924 fand in einem Klima von Gewalt und Einschüchterung statt. Antifaschistische Kräfte, Kommunisten, Sozialisten und auch Liberale wurden von der faschistischen MVSN unter Duldung der Polizei mit Gewalt traktiert, gelegentlich auch getötet. Aufgrund des Terrors und dank der Wahlrechtsänderung konnte die PNF eine absolute Mehrheit für sich gewinnen. Die Umstände dieses faschistischen Wahlsieges und die Fortführung der Gewalt prangerte der sozialistische Abgeordnete Giacomo Matteotti in einer Parlamentsrede an, in der er auch die Annullierung der Wahlergebnisse forderte. Dieses mutige Vorgehen war der Auftakt der sogenannten Matteotti-Krise.

Matteotti wurde am 10. Juni 1924 das Opfer einer Entführung, seine misshandelte Leiche wurde erst im August gefunden. Da Mussolini zumindest als der moralische Auftraggeber des Verbrechens galt, geriet er unter mächtigen innenpolitischen Druck. Selbst in der PNF gärte es. Die sich über sechs Monate hinziehende Krise bot Mussolini schließlich die Gelegenheit zum Gegenschlag. Zum Teil wurde dieser begünstigt durch das Verhalten der linken Minderheit im Parlament, die dieses verließ und damit ihre Einflussmöglichkeit auf parlamentarischer Ebene aufgab (Aventinische Sezession). Der italienische Faschistenführer nutzte dies, um im Juni 1924 die Pressefreiheit abzuschaffen. Seine Bündnispartner hielten zu ihm, König Viktor Emanuel III., der in der Lage gewesen wäre, Mussolini abzusetzen, tat nichts. Erst im Januar 1925 gelang es dem Duce, die Matteotti-Krise zu überwinden: Er übernahm die politische Verantwortung für das Geschehen, löste das Parlament auf und gab gleichzeitig Anweisungen, gegen die antifaschistischen Organisationen vorzugehen.

Jetzt erst – über zwei Jahre nach dem Marsch auf Rom – lässt sich von der Festigung der faschistischen Herrschaft und ihrer endgültigen Etablierung in Italien reden.

In Deutschland war es Hitler wie Mussolini elf Jahre zuvor wichtig, einen Schein von Legalität aufrechtzuerhalten (vgl. zum Folgenden Payne 2006: 223 ff.). Daher setzte er darauf, bei den Parlamentswahlen im März 1933 eine Mehrheit für die NSDAP zu erlangen. Doch das Mittel des Terrors wurde bereits Ende Februar intensiv eingesetzt. Anlass war der Brand des Reichstages in der Nacht vom 27. auf den 28. Februar 1933. Dies war der Vorwand für eine Notverordnung des Reichspräsidenten »zum Schutz von Volk und Staat« – faktisch ein Staatsstreich und der Startschuss auf dem Weg in den Polizeistaat. Infolgedessen wurden politische Gegner, vornehmlich Kommunisten, Sozialisten und Gewerkschafter, inhaftiert. Die Reichstagswahlen am 5. März bescherten der NSDAP einen deutlichen Stimmenzuwachs – nicht zuletzt, weil die KPD praktisch bereits illegalisiert war –, nicht jedoch die angestrebte absolute Mehrheit. Ein weiterer entscheidender Schritt auf dem Weg in die unumschränkte Diktatur war das »Ermächtigungsgesetz« vom 24. März 1933. De facto bedeutete es, dass Hitler für die Dauer von vier Jahren mit Verordnungen regieren konnte.

Ein weiterer Konsolidierungsschritt der faschistischen Herrschaft in Deutschland bestand in der Übernahme der wichtigsten Institutionen und deren Umorganisierung. Ein Einschnitt war hierbei das Gesetz zur Wiederherstellung des Berufsbeamtentums vom 7. April 1933. Sein Ziel bestand darin, Linke und Juden aus dem Staatsapparat hinauszudrängen. Nach der KPD wurde dann ein weiterer Teil der organisierten Arbeiterbewegung unterdrückt: Als der 1. Mai zum Tag der nationalen Arbeit erklärt wurde, wurde dies vom Vorstand des Allgemeinen Deutschen Gewerkschaftsbunds (ADGB) begrüßt. Tags darauf besetzte die SA die Gewerkschaftshäuser, zog das Vermögen der Gewerkschaften ein und zerschlug ihre Organisation bzw. gliederte sie in die wenig später gegründete Deutsche Arbeitsfront (DAF) ein. Die Bauern wurden analog im Reichsnährstand organisiert. Rund sieben Wochen später, am 22. Juni, folgte das offizielle Verbot der SPD bzw. dessen, was von ihr noch übrig war. Schließlich wurde am 26. Juni auch der letzte verbliebene konservative Bündnispartner, Alfred Hugenberg, aus der Koalitionsregierung entlassen; einen Tag später wurde die DNVP, deren Vorsitzender Hugenberg war, aufgelöst. Seitdem war die NSDAP die einzige noch zugelassene Partei des Deutschen Reiches.

Die erste Repressionswelle, die zwischen Februar und September 1933 über das Land schlug, kostete ungefähr 500 Menschen das Leben, 100.000 wurden verhaftet. Ein Jahr nach der Ernennung Hitlers zum Reichskanzler waren somit die Organisationen der politischen Gegner durch Repression ausgeschaltet. Die bürgerlichen Kräfte hatten sich mit der Naziregierung arrangiert – einerseits, weil sie die zentralen Ziele der Nazis teilten, andererseits, weil sie hofften, die NSDAP durch die Einbindung in eine gemeinsame Regierung zähmen zu können. Ähnlich wie Mussolini zehn Jahre zuvor drohte Hitler allerdings Gefahr aus der eigenen Bewegung. Der radikale Flügel innerhalb der Nazi-Bewegung um den SA-Führer Ernst Röhm drang auf eine sogenannte zweite Revolution. Damit wurden erneut die zwei unterschiedlichen Strategien zur Machterlangung und -sicherung offenkundig. Auf der einen Seite Hitler, der nach dem gescheiterten Putschversuch von 1923 den Weg zusammen mit den bürgerlichen Eliten suchte; auf der anderen Seite der SA-Führer Röhm, der vermeintliche sozialrevolutionäre Vorstellungen hegte und damit in Konfrontation mit Teilen des Bürgertums geriet. Vor allem aber kollidierte sein Ziel eines »Wehrstaates«, der die SA-Mitgliedschaft materiell absichern sollte, mit den Plänen Hitlers und der Militärführung, die die Reichswehr für die neuen Expansionsbestrebungen auserkoren hatten. Die Führung um Hitler ließ ab dem 30. Juni 1934 85 SA-Führer, aber auch Konservative wie die Generäle von Schleicher und von Bredow ermorden. Insgesamt wurden ca. 200 Menschen umgebracht. Pläne einiger Konservativen, mit Hilfe der Reichswehr gegen Hitler zu putschen, waren somit hinfällig geworden, weil die Reichswehr durch ihr Schweigen die Unterstützung des neuen Regimes zum Ausdruck brachte.

Als wenig später, am 2. August 1934, der alte Reichspräsident von Hindenburg starb, übernahm Hitler dieses Amt in Personalunion in Gestalt des Führers; die Reichswehr vereidigte von nun an auf ihn. Damit war die sogenannte Politik der Gleichschaltung, die Konsolidierung der Macht der NSDAP, weitgehend abgeschlossen.

Wirtschaft und Innenpolitik: Phasen der Regime vor dem Krieg

Der eigentliche Aufbau des italienischen faschistischen Regimes erfolgte in den Jahren 1925 bis 1929. Nach Überwindung der Matteotti-Krise waren die Oppositionsparteien zwar zunächst nicht verboten, doch war es ihren Abgeordneten nicht gestattet, in das Parlament zurückzukehren. Nach mehreren missglückten Attentaten auf den Duce war es dann soweit: Am 11. November 1926 verfügte die Regierung die Auflösung aller oppositionellen Vereinigungen und Parteien. Zusammen mit einem weiteren Gesetz, welches den Abgeordneten der Aventinischen Sezession ihren Abgeordnetenstatus entzog, wurden diese Gesetze in der Propagandasprache die leggi fascistissime genannt. Sie bedeuteten den Abschluss des »Identifizierungsprozesses zwischen Staat und Regierung« (Mantelli 2008: 74). Nunmehr war es verboten, eine abweichende politische Meinung zu äußern. Antifaschisten drohte vor allem die Verbannung, so dass ihnen nur das Exil oder die Arbeit im Untergrund blieb. Im Vergleich zum deutschen Faschismus jedoch gab es weniger Strafverfolgungen, und im öffentlichen Dienst fanden kaum Säuberungen statt. Bis zum Jahr 1940 gab es lediglich neun Hinrichtungen, insgesamt wurden ca. 5.000 Menschen aus politischen Gründen zu Freiheitsstrafen verurteilt und ca. 10.000 in die Verbannung im Inland geschickt. Payne (2006: 156) charakterisiert das Mussolini-Regime als zwar brutal und repressiv, aber nicht als mörderisch und blutrünstig – eine Charakterisierung, die allerdings nur für die innenpolitischen Verhältnisse zutreffend ist. Außenpolitisch war der italienische Faschismus in den Eroberungsfeldzügen sehr wohl mörderisch und blutrünstig.

Die freien Gewerkschaften wurden im Oktober 1925 ausgeschaltet, indem die faschistischen Gewerkschaften und der Unternehmerverband Confindustria durch eine Abmachung festlegten, dass nicht-faschistische Arbeitnehmerorganisationen nicht länger anzuerkennen seien. Die Confindustria ihrerseits erklärte sich mit den Zielen des Regimes einverstanden und schmückte ihren Namen mit dem Adjektiv faschistisch. Im April 1926 wurden die faschistischen Gewerkschaften in ein Staatsorgan umgewandelt und das Streikrecht abgeschafft. Die freien Gewerkschaften wurden formal nie verboten, doch beschlossen sie angesichts der Einschränkung ihres Handlungsspielraumes und der politischen Verfolgung ihre Selbstauflösung. Daraufhin wurde das Korporationsministerium gegründet – in der Selbstbezeichnung der Faschisten zuständig für die Zusammenarbeit zwischen Kapital und Arbeit. Dieses hatte zunächst wenig Einfluss, doch in den ideologischen Debatten nahm das Thema Korporativismus einen großen Raum ein, da man hier einen Ansatzpunkt zur vermeintlichen Überwindung des Klassenkampfes sah.

Das Ende dieser ersten Phase des italienischen faschistischen Regimes wurde mit der »Konstitutionalisierung« des Großrates abgeschlossen. Seine Ernennung zum obersten Staatsorgan, welches sämtliche Aktivitäten koordinierte und in allen Verfassungsfragen konsultiert werden musste, stellte praktisch das einzige unter den leggi fascistissime dar, das direkt die italienische Verfassung und damit die Autorität der Monarchie verletzte. De facto hatte der Großrat aber keine Macht, er diente Mussolini vielmehr als Instrument zur Beherrschung der Partei. Von großer Bedeutung für das Ansehen Mussolinis war der Abschluss der drei Lateranverträge 1929 mit der Katholischen Kirche.

In Deutschland verfolgte nach der Konsolidierung der Diktatur die NS-Führung weitaus zielstrebiger als Mussolini ihre äußerst radikalen Ziele. Im Zentrum stand dabei neben der Ausschaltung des Marxismus – so die Nazi-Bezeichnung für die Arbeiterparteien und die Gewerkschaftsbewegung – die Errichtung einer »rassisch« reinen, sozialdarwinistisch begründeten Volksgemeinschaft (vgl. dazu weiter unten). Innenpolitisch fand die Gleichschaltung der gesellschaftlichen Institutionen ihre Fortsetzung. Viele wurden aufgelöst, zerschlagen oder nach dem Führerprinzip umorganisiert. So auch in der bedeutenden DAF, die die freien Gewerkschaften ersetzte. Das Gesetz zur Ordnung der nationalen Arbeit machte 1934 aus Betriebsleitern Führer und aus den Arbeitern Befehlsempfänger, die ihren Arbeitsplatz nicht mehr frei wählen durften.

Das Verhältnis von Partei mitsamt ihren Untergliederungen und Staat war durch eine Doppelstruktur gekennzeichnet. Neben traditionellen staatlichen Institutionen entstanden von Parteileuten geführte zusätzliche Einrichtungen. Das führte zu einem Kompetenzchaos, welches oftmals nur durch persönliches Eingreifen Hitlers oder durch den tatsächlichen oder vermeintlichen Bezug auf den Führerwillen seitens der Untergebenen zu lösen war. Insbesondere die SS stieg nach Ausschaltung der SA zur wichtigsten Institution des NS-Staates auf. Sie war verantwortlich für den Betrieb des Systems der Konzentrationslager. Ihre Unterorganisation, der Sicherheitsdienst (SD), fungierte als politischer Nachrichtendienst. Heinrich Himmler, Reichsführer der SS seit 1929, übernahm im April 1934 auch die Kontrolle der Geheimen Staatspolizei (Gestapo).

Diese Repressionsinstrumente wurden flankiert durch eine Reihe von propagandistisch ausgerichteten Organisationen. Die wichtigste war die Freizeitorganisation Kraft durch Freude (KdF), die ein vielfältiges Freizeit- und Urlaubsprogramm für Arbeiter und Angestellte anbot, welches auf große Resonanz stieß. Andere Organisationen wie die Hitlerjugend (HJ) und der Bund Deutscher Mädel (BDM) zielten demgegenüber auf die Indoktrinierung und Gleichschaltung der Jugend ab.

Außenpolitisch bestand Hitlers Ziel darin – und damit stimmte er mit der herrschenden Klasse weitgehend überein –, die Fesseln des Versailler Vertrages zu lösen und die volle außenpolitische »Bewegungsfreiheit« Deutschlands zu erlangen. Letztlich lief dies auf eine kriegerische Revision der Ergebnisse des Ersten Weltkriegs und der Nachkriegsordnung hinaus. Wirtschaftspolitisch verfolgte die NS-Spitze vor allem ein Ziel: die Aufrüstung, um das Deutsche Reich in die Lage zu versetzen, den propagierten »Lebensraum im Osten« (Rohstoffe, Sicherung der Ernährungsbasis) sowie die rassistische Neuordnung Europas in die Wege zu leiten. Alles andere, Arbeitsbeschaffungsmaßnahmen oder sozialpolitische Initiativen, waren dem funktional zugeordnet. Zwischen Januar 1933 und dem Herbst 1938 wurde der Anteil des Militärhaushalts am Sozialprodukt von 1 auf 20 Prozent gesteigert – eine Umschichtung des Sozialprodukts in einem solchen Ausmaß hatte kein anderer kapitalistischer Staat je in Friedenszeiten innerhalb einer so kurzen Frist vorgenommen, stellt der britische Historiker Adam Tooze (2007: 91) fest. Die finanziellen Mittel wurden durch Wechsel, mithin durch eine Verschuldung des Staates, mobilisiert. Die Schulden hoffte man, durch erhöhte Steuereinnahmen und durch die Ausplünderung der in einem siegreichen Krieg zu unterwerfenden Länder wieder abtragen zu können. Diese Hoffnung erfüllte sich nicht, weil die forcierte Aufrüstung zu enormen wirtschaftlichen Disproportionen und zu einer Krisensituation führte, die ihrerseits auch wiederum nur einen Ausweg nahelegte: Krieg. Den Vierjahresplan 1936 schloss Hitler mit der Forderung: »Die deutsche Armee muß in 4 Jahren einsatzfähig sein. Die deutsche Wirtschaft muß in 4 Jahren kriegsfähig sein.«

Expansion, Krieg und Eroberung

Nach der eigentlichen Errichtung der faschistischen Diktatur in Italien von 1925 bis 1929 folgte in den Jahren bis 1934 – »Jahre des Konsenses« genannt – eine Phase relativer politischer Ruhe (vgl. dazu Payne 2006: 265 ff.). Die Periode von 1934 bis 1940 indes war durch zahlreiche außenpolitische Aktivitäten, kriegerische Feldzüge und das Bestreben nach Autarkie geprägt. Außenpolitisch war die Vision Mussolinis die Gründung eines faschistischen Imperiums, welches weit über die bisherigen Grenzen des italienischen Kolonialreiches hinausreichen sollte. »Ein Jahrhundert der italienischen Vorherrschaft« auch in Europa war sein Ziel. Angesichts der eingeschränkten wirtschaftlichen Potenz Italiens waren seine Bestrebungen aber auf den Mittelmeerraum und den Balkan konzentriert. Der Weg zur Expansion sollte über »die Züchtung eines neuen Geschlechts von Soldaten« erfolgen. Das Programm, so Schieder (2010: 54), erhielt damit eine deutlich rassenbiologische Begründung. Offenkundig geriet Mussolini mit diesen Plänen in Konflikt mit der europäischen Nachkriegsordnung, obwohl er sich zumindest bis zum Äthiopien-Feldzug bemühte, einen Schein von Legalität zu bewahren und sich den Westmächten als Bändiger Hitlers anzudienen. Insgeheim jedoch unterstützte er bereits andere faschistische Organisationen im Ausland.

Der erste Waffengang Italiens unter Mussolini war 1923 die Rückeroberung Libyens, welches schon vor dem Ersten Weltkrieg von Italien annektiert worden war. Die eigentlichen militärischen Handlungen dauerten lediglich zehn Monate, danach setzte eine jahrelange brutale Repressionspolitik ein, die auch vor Vertreibungen und der Einrichtung von Konzentrationslagern nicht zurückschreckte. Zehntausende starben infolge von Hunger und Krankheit.

Vorübergehend verlor Mussolini in den 1920er Jahren das Interesse an der Außenpolitik; erst mit dem Erfolg der Nazis in Deutschland erkannte er die Chance, im Zuge der veränderten europäischen Kräfteverhältnisse seine außenpolitischen und militärischen Ambitionen zu realisieren. Im Jahre 1934 fiel die Entscheidung, Äthiopien zu überfallen. Diesem Entschluss lagen keine ausschließlich ökonomischen Motive zugrunde, vielmehr ging es den Faschisten um die Erhöhung des Prestiges im Inneren – vor allem auch, um sich gegenüber den Liberalen abzusetzen, die einst in Äthiopien eine verheerende Niederlage erlitten hatten. Überdies stellte der Äthiopien-Feldzug einen ersten Schritt auf dem Weg zu einer neuen Kolonialpolitik dar. Der am 3. Oktober 1935 beginnende und sieben Monate dauernde Feldzug wurde mit großer Brutalität geführt, Giftgas kam zum Einsatz, und nach einem Attentatsversuch auf General Rudolfo Graziani am 10. Februar 1937 entfesselten die Besatzer wahre Pogrome, die in gewisser Hinsicht durchaus mit den Methoden der Nazi-Besatzung in Osteuropa verglichen werden können (zur Frage, ob der Abessinienkrieg als erster Vernichtungskrieg gelten kann, vgl. weiter unten). Innenpolitisch hatte der Abessinienkrieg für Mussolini durchaus den gewünschten Erfolg: Gesteuert über ein zentrales Presse- und Propagandaamt bildete sich »eine ›gewaltige Konsensmaschine‹ (Angelo

Del Boca), die über die Zustimmung zu der militärischen Aggression die Massenloyalität zu Mussolinis Diktatur erzwingen sollte« (Schieder 2010: 71). Koloniale Besiedlungspläne hingegen liefen nur schleppend an. Der Krieg gegen Äthiopien stellt somit einen Wendepunkt in der Geschichte des italienischen Faschismus dar, weil durch ihn die inneren Verhältnisse radikalisiert, die Italiener mental militarisiert und somit auf weitere Kriege vorbereitet wurden.

Der nächste Krieg war der Bürgerkrieg in Spanien. Militärisch engagierte sich Mussolini stärker als Hitler und – auf der republikanischen Gegenseite – die Sowjetunion. Vor allem aber ist der Spanische Bürgerkrieg von Bedeutung, weil durch ihn die offene Zusammenarbeit zwischen den beiden faschistischen Staaten in Schwung kam (im Abessinienkrieg hatte Nazi-Deutschland Italien nur indirekt unterstützt). Im Oktober 1936 entstand die sogenannte Achse Rom-Berlin, ein Jahr später, im November 1937, trat Italien dem Anti-Kominternpakt zwischen Japan und Deutschland bei und am 22. Mai 1939 wurde in Berlin der »Stahlpakt« unterzeichnet. Letzterer sah militärische Zusammenarbeit und eine gegenseitige militärische Unterstützung im Falle eines Krieges vor – Angriffskriege eingeschlossen. In der Forschung ist die Achse Rom-Berlin lange Zeit als Papiertiger behandelt worden; erst in letzter Zeit wurden die zahlreichen Kooperationen auf politischer, kultureller und ökonomischer Ebene herausgestellt (vgl. Klinkhammer 2010).

Dass der Ausbruch des Zweiten Weltkrieges entgegen Hitlers Ankündigung im Vierjahresplan schon ein Jahr vorher erfolgte, ist u.a. auf die wirtschaftliche Krisensituation zurückzuführen, die die massiven Aufrüstungsprogramme verursachten. Des Weiteren spielte das situative diplomatische Geschehen auf der europäischen Bühne eine Rolle.

Nachdem Hitler seinem imperialistischen Ziel der Erkämpfung von »Lebensraum im Osten« zunächst Schritt für Schritt ohne kriegerische Mittel nähergekommen war (Beseitigung der militärischen Beschränkungen, Austritt aus dem Völkerbund, Schwächung des Bündnissystems Polens mit Frankreich durch Abschluss eines Nichtangriffspaktes mit Polen, Einführung der allgemeinen Wehrpflicht, Abschluss eines Flottenabkommens mit England, Einmarsch im Rheinland, Anschluss Österreichs sowie Zerschlagung der Tschechoslowakei), richtete sich sein Fokus nun auf Polen. Da die Westmächte inzwischen von ihrer Appeasement-Politik abgerückt waren, mit der sie gehofft hatten, die Aggression Hitlers durch Zugeständnisse beruhigen oder auf die Sowjetunion lenken zu können, garantierten sie die Existenz Polens. Als die Wehrmacht Polen am 1. September 1939 überfiel, erklärten sie dem Deutschen Reich den Krieg, ohne jedoch sofort militärisch aktiv zu werden. Der Zweite Weltkrieg begann.

Von Anfang an hatte die Naziführung klar gemacht, dass sie auf die Revision der Versailler Nachkriegsordnung sowie auf Expansion aus war. Diese Ziele, insbesondere ersteres, teilte sie mit bürgerlichen Kreisen, Wehrmacht und Fraktionen der Großwirtschaft, die diese bereits im Ersten Weltkrieg verfolgt hatten (vgl. Opitz 1977). Meinungsverschiedenheiten, die sich bis hin zu Widerstandstätigkeiten entwickelten, hatten nicht die Frage des Ob, sondern Aspekte der konkreten Ausführung zum Gegenstand.

Polen, in einem »Blitzkrieg« mit zahlreichen Massakern an polnischen Eliteangehörigen und Juden unterworfen, wurde auf Grundlage des deutsch-sowjetischen Nichtangriffsvertrages mit seinem geheimen Zusatzprotokoll zwischen dem Deutschen Reich und der Sowjetunion aufgeteilt. Nachdem deutsche Truppen auch Dänemark und Norwegen besetzt hatten, griffen sie die Niederlande, Belgien und Frankreich an. Paris kapitulierte nach sechs Wochen. Italien war kurz zuvor auf der Seite des Deutschen Reichs in den Krieg eingetreten. Hitlers Bemühungen, Großbritannien mit einem Luftkrieg in die Knie zu zwingen, misslangen. England, von Premier Churchill geführt, konnte sich dank US-amerikanischer Hilfe der deutschen U-Boot-Angriffe erwehren und Mussolinis Truppen in Nordafrika heftig zusetzen. Auf dem Balkan sprang die Wehrmacht den italienischen Truppen zur Seite und eroberte Jugoslawien und Griechenland. Die Kriegshandlungen gegen die Westmächte verliefen weitgehend im »konventionellen« Rahmen. Dieser wurde gesprengt, als am 22. Juni 1941 die Wehrmacht die Sowjetunion – den trotz Nichtangriffspakt politischen und ideologischen Hauptgegner der Nazis – überfiel. Nun wurde der Krieg von deutscher Seite ein völkisch-rassistisch begründeter Vernichtungskrieg mit Ausplünderung, Versklavung und Völkermorden. Konkreten Ausdruck fanden die Absichten der Nazis im sogenannten Generalplan Ost. Unter diesem werden eine Reihe von Plänen und Planungsskizzen verstanden, die im Kern zum Ziel hatten, den propagierten Lebensraum Ost durch eine rassisch begründete und gewaltsam geschaffene neue Siedlungsstruktur in die Realität umzusetzen. Der Generalplan Ost sah den Tod von 31 bis 45 Millionen Menschen vor.

Verantwortlich für diese Verbrechen waren nicht nur die verschiedenen Einsatzgruppen und SS-Verbände, sondern auch große Teile der Wehrmacht (wie es in der Bundesrepublik erst in den 1990er Jahren durch die sog. Wehrmachtsausstellung ins breitere Bewusstsein drang und zuletzt von Neitzel/Welzer 2011 erneut belegt wurde).

Der Feldzug gegen die Sowjetunion ging zunächst wie die ihm vorangegangenen im Blitzkriegstempo voran, doch im Winter brachte der sowjetische Widerstand den Vormarsch vor Moskau zum Stoppen. Der Kriegseintritt der USA nach dem japanischen Überfall auf Pearl Harbor und der ihm folgenden deutschen Kriegserklärung an die Vereinigten Staaten im Dezember 1941 bedeutete auch, dass die Rüstungsproduktion Deutschlands verglichen mit der seiner Gegner hoffnungslos in Rückstand geriet. Zugleich war nun die Basis entstanden für ein Bündnis der Westmächte mit der Sowjetunion, die Anti-Hitler-Koalition. Die verlorene Schlacht von Stalingrad 1942/43 gilt als Wendepunkt des Krieges. Auch in Nordafrika mussten die deutschen Truppen Verluste hinnehmen; sie waren gezwungen, sich immer weiter zurückzuziehen. Der beginnende Luftkrieg der Alliierten gegen deutsche Großstädte, die Besetzung von Teilen Italiens und dessen Übertritt zur Anti-Hitler-Koalition, die Befreiung Frankreichs, die Landung alliierter Truppen in der Normandie und vor allem das Vorrücken der sowjetischen Armee leiteten schließlich die bedingungslose Kapitulation Deutschlands am 7. bis 9. Mai 1945 ein.

Die menschlichen Verluste des Zweiten Weltkrieges waren verheerend: Allein die Sowjetunion hatte 20 bis 30 Millionen Tote zu beklagen, insgesamt belief sich die Zahl der Toten schätzungsweise auf 50 bis 56 Millionen.

Antisemitismus, Rassismus und Holocaust

In Deutschland fungierten Antisemitismus, Antikommunismus, Nationalismus und Rassismus bereits während der Bewegungsphase des deutschen Faschismus als Mobilisierungs- und Rechtfertigungsideologien. Das setzte sich in der Regimephase nach 1933 fort. Im Fokus der Nazis stand nach der Ausschaltung der politischen Gegner auf innenpolitischem Feld die Lösung der sogenannten Judenfrage.

Aber auch gegen Sinti und Roma sowie »lebensunwerte« Menschen richtete sich die nach 1933 einsetzende diskriminierende sozialdarwinistische Rassenpolitik. Durch eine ausgrenzende Gesetzgebung versuchte die Naziführung zunächst, die deutsche jüdische Bevölkerung aus dem Reich zu vertreiben. Die 1935 erlassenen Nürnberger Gesetze waren auf diesem Weg ein Markstein. Das Gesetz »zum Schutz des deutschen Blutes und der deutschen Ehre« stellte z. B. Eheschließungen und außerehelichen Geschlechtsverkehr zwischen Juden und »Deutschblütigen« unter Strafe. Zudem legte es fest, wer überhaupt als Jude oder Jüdin zu gelten hatte. Die »Reichskristallnacht« in der Nacht vom 9. auf den 10. November 1938 war ein von höchster Ebene organisierter Pogrom, der den Übergang zur forcierten Vertreibung der jüdischen Bevölkerung und zur verschärften Arisierung, d. h. des Raubs jüdischen Eigentums, markiert. Rund 100 Personen wurden unmittelbar in der Pogromnacht ermordet, ca. 26.000 in Konzentrationslager verschleppt. Die Nazis vertrieben bis zum Emigrationsverbot 1941 270.000 bis 300.000 Menschen, also ungefähr die Hälfte aller Deutschen jüdischen Bekenntnisses oder jüdischer Herkunft.

Die eugenische Praxis richtete sich gegen »lebensunwertes« Leben, d. h. gegen Menschen mit geistigen und körperlichen Behinderungen. Eine Sterilisierungskampagne sorgte dafür, dass bis 1937 etwa 200.000 Menschen die Möglichkeit zur Fortpflanzung genommen wurde. Es folgte ein Euthanasieprogramm: Im Frühjahr 1939 wurden 5.000 behinderte Kinder ermordet und in einer zweiten Phase im Herbst töteten die Nazis mehr als 100.000 »unheilbar Kranke.« Aufgrund von Protesten aus der Kirche wurde die auch T 4 genannte Aktion offiziell eingestellt, insgeheim wurde das Euthanasieprogramm jedoch fortgeführt.

Schließlich wurde mit der Entfesselung des Zweiten Weltkrieges ein Kontext geschaffen, der eine durch zahlreiche Faktoren bedingte Radikalisierung der rassistischen und antisemitischen Politik möglich machte. Dies führte letztlich zur systematischen Verfolgung und Ermordung der europäischen Juden (Holocaust oder Shoah) und der Sinti und Roma (Porrajmos), doch war z. B. im Rahmen des Generalplans Ost beabsichtigt, viele Millionen Slawen umkommen zu lassen. Die heute oft vertretene Ansicht, dass Hitler und die engere Naziführung schon von Anfang an vorgehabt hätten, diese Mordprogramme durchzuführen bzw. gar den Krieg nur zu diesem Zwecke anzufangen, lässt sich mit kritisch-wissenschaftlichen Arbeiten nicht belegen.

Der Zeitraum von 1939 bis 1941 ist die Phase des Übergangs von der Verfolgung zum Völkermord. Mit den Eroberungen im Osten Europas fielen den Nazis die Zentren des europäischen Judentums in die Hände. Den Naziführern stellte sich folglich die Frage, wie (nicht nur) mit der jüdischen Bevölkerung in diesen Gebieten umzugehen sei. Zunächst gab es verschiedene Überlegungen einer »territorialen Lösung«. So sollte etwa ein riesiges Judenreservat in Osteuropa eingerichtet werden. Später erwog man, im Rahmen der weitgehenden, auch große Teile der slawischen Bevölkerung betreffenden, Um- und Aussiedlungspläne alle europäischen Juden auf Madagaskar oder in Sibirien anzusiedeln. Unterdessen fanden im Reich die Euthanasieprogramme ihre Fortsetzung; das hier eingesetzte Personal sollte zum Teil später in den Vernichtungslagern eingesetzt werden. In Polen erschossen sogenannte Einsatzgruppen der Sicherheitspolizei (Sipo) und des Sicherheitsdienstes der SS polnische Intellektuelle sowie Juden und Geistliche. Gleichzeitig begannen die Deportationen der Sinti und

Roma in die besetzten polnischen Gebiete. Spätestens mit dem Überfall auf die Sowjetunion nahm das Ausmaß der oftmals chaotisch verlaufenden Vertreibungs- und Umsiedlungsmaßnahmen Formen an, die neue »Lösungen« erzwangen. Der Terror in den Gettos und Konzentrationslagern, die Kompetenzstreitigkeiten, das Profitstreben von SS und Konzernen sowie situativ kriegsbedingte Faktoren ebneten den Weg für die nächste Stufe: den systematischen Völkermord. Dafür bedurfte es keines Befehls des Führers, den dieser ausdrücklich wohl auch nie gegeben hat. Zwar hatte Hitler z. B. in seiner Rede vom 30. Januar 1939 mit der Vernichtung der jüdischen »Rasse« in Europa gedroht. Dennoch versuchte die NS-Führung, die »Endlösung der Judenfrage«, deren organisatorische Abläufe auf der Wannsee-Konferenz im Januar 1942 in der Nähe von Berlin geregelt wurden, geheim zu halten. In der Sowjetunion waren Einsatzgruppen der Sicherheitspolizei und des SD, der SS, Waffen-SS sowie zahlreiche Hilfskräfte aus den besetzten Gebieten mit Richtlinien ausgestattet, wonach kommunistische Funktionäre (sog. Kommissarbefehl) und jüdische Männer sofort zu erschießen seien. Im August 1941 gingen sie dazu über, auch jüdische Frauen zu erschießen, im September auch Kinder. Ebenfalls im September 1941 erfolgten Befehle, »Zigeuner« zu ermorden. Parallel erfolgte der Übergang zum Töten mit Gas. Zunächst geschah dies in mobilen Gaswagen, dann in reinen Vernichtungslagern wie Belzec, Treblinka, Sobibor, Lublin/Majdanek und Auschwitz. Letzteres war sowohl Arbeits- als auch Vernichtungslager und wurde aufgrund dessen zur Chiffre für das Ausbeutungs- und Mordsystem des deutschen Faschismus.

Im September 1939 in Polen und im Herbst 1941 im Deutschen Reich sowie in weiteren besetzten Gebieten wurde das Tragen des gelben Judensterns zur Pflicht; währenddessen begannen aus allen besetzten Gebieten Deportationen von Juden in den Osten. Kurzfristige ökonomische Interessen wurden zunächst noch berücksichtigt, dann jedoch den Vernichtungsprogrammen untergeordnet. In der Schlussphase des Nazifaschismus wurden die noch Überlebenden angesichts der vorrückenden Roten Armee wieder gen Westen ins Deutsche Reich deportiert, um dort der Vernichtung durch Arbeit zugeführt zu werden. Viele starben bereits auf den sogenannten Todesmärschen, teils aus Schwäche, teils wurden sie auch von den Begleitmannschaften oder gar der normalen deutschen Bevölkerung ermordet.

Insgesamt wurden fast sechs Millionen Juden ermordet, drei Millionen durch die fabrikmäßige Vergiftung mit Gas, die andere Hälfte durch Erschießungskommandos, Hunger, Epidemien, Arbeit oder Erschöpfung. Die Zahl der ermordeten Sinti und Roma beläuft sich auf ca. 250.000. Unmittelbar am Holocaust beteiligt waren schätzungsweise 500.000 Deutsche, kaum einem wurde im Nachkriegsdeutschland der Prozess gemacht. Die Behauptung vieler Deutscher nach dem Krieg »Man habe davon doch nichts gewusst« hat sich als Schutzbehauptung erwiesen. Dörner (2007: 361) z. B. zeigt, dass spätestens 1943 die meisten Deutschen damit rechneten, dass alle Juden im deutschen Herrschaftsgebiet umgebracht werden sollten. Die Wehrmachtssoldaten wussten über alle Einzelheiten des Judenmords Bescheid (vgl. Neitzel/Welzer 2011). Die meisten billigten das, manche äußerten Kritik an der Art und Weise der Durchführung, nur wenige hatten Bedenken und entschlossen sich zum Widerstand.

Der italienische Faschismus galt lange Zeit als weniger rassistisch und die Einführung der antisemitischen Gesetzgebung 1938 als vom Bündnispartner Nazideutschland gewünscht. Erst in den letzten Jahren hat sich diese Einschätzung geändert. So gibt es eine Debatte, ob der Krieg in Abessinien als erster faschistischer Vernichtungskrieg zu bezeichnen ist (vgl. Kap. I. 3.). Diese Charakterisierung reagiert auf eine Verdrängung der italienischen Verbrechen in Afrika, ob sie jedoch vor dem Hintergrund des nationalsozialistischen Vernichtungskrieges in Osteuropa – an dem übrigens auch italienische Truppen beteiligt waren – treffend ist, mag dahin gestellt sein. Klar hingegen ist: Sowohl die Unterdrückung des Widerstands durch Errichtung von Konzentrationslagern, Vernichtung der Lebensmittelgrundlagen und der Deportation von Menschen in der Kyrenaika (östliches Libyen) zwischen 1930 bis 1933 als auch der Krieg gegen Abessinien mit Giftgaseinsätzen und einer vergleichbar brutalen Unterdrückungspraxis ist nicht mit der lange gebrauchten Kategorie eines »verspäteten Kolonialkriegs« zu fassen. Vielmehr handelte es sich um Praxen, die mit genozidalen Absichten vollzogen wurden und auf die Errichtung eines institutionalisierten rassistischen Systems zielten. Die Zivilbevölkerung war zentraler Bestandteil der Kriegsführung, wovon die zwischen 350.000 und 760.000 getöteten Äthiopier im Laufe des sechs Jahre währenden Konfliktes zeugen.

Dennoch ist es richtig, wie Wolfgang Schieder (2010: 64 f.) ausführt, »daß es im faschistischen Italien nie zu einem angewandten Rassismus mit medizinischen Versuchen an Menschen, Zwangssterilisationen, Euthanasie und biologisch begründetem Massenmord gekommen ist. Der Faschismus wollte die Juden ins Ghetto zurückdrängen, nicht aber als solche vernichten.« Der italienische Faschismus war insofern zwar nicht ursprünglich antisemitisch, jedoch sehr wohl rassistisch.

3. Faschismus anderswo

Faschistische Bewegungen gab es in der Zwischenkriegszeit in zahlreichen Ländern – Schieder (2008: 332f.) zählt allein zwölf Länder zwischen 1919 und 1945 auf, Italien und Deutschland ausgenommen. Nur in diesen beiden Staaten kamen die Bewegungen allerdings im Bündnis mit den alten Eliten an die Macht und konnten diese über Jahre behaupten und ausbauen. Um die Reichweite des Faschismusbegriffs vor diesem Hintergrund zu überprüfen, müssen auch die unterschiedlichen Formen faschistischer Bewegungen in Ost- und Westeuropa kurz in den Blick genommen werden.

Osteuropa

In zahlreichen osteuropäischen und baltischen Ländern gab es Bewegungen, die große Ähnlichkeiten mit den italienischen und deutschen faschistischen Bewegungen hatten, sich jedoch in anderen Punkten von diesen auch abhoben. Daher sprechen einzelne Faschismusforscher differenzierend von klassisch faschistischen, bonapartistisch-faschistischen und fundamentalistisch-faschistischen, in Bezug auf Österreich auch von klerikalfaschistischen Bewegungen (vgl. Wippermann 2009: 13). Der Unterschied zu bonapartistischen Regimen liegt Wippermann zufolge darin, dass diese aus einem Klassengleichgewicht entstünden und sich auf Polizei und Armee stützten. Der Übergang zu bonapartistisch-faschistischen Regimen erfolge, wenn sie sich mit faschistischen Massenparteien verbinden oder selbst welche gründen – auch Faschismus von oben genannt.

Insbesondere in Ungarn und Rumänien waren faschistische Parteien erfolgreich: Die ungarischen Faschisten der Pfeilkreuzlerbewegung unter Führung von Ferenc Szálasi waren auf dem Höhepunkt ihres Einflusses mit etwa 18 Prozent der Stimmen die zweitstärkste Partei des Landes. Die rumänische Legion des Erzengel Michael, nach ihrer paramilitärischen Abteilung auch Eiserne Garde benannt, erhielt bei den Parlamentswahlen 1937 15,38 Prozent der Stimmen und war damit drittstärkste Kraft. Die ungarischen und rumänischen sowie die Regime in Bulgarien, Griechenland und Jugoslawien wurden als »Königsdiktaturen« bezeichnet. Wippermann (ebd.: 146ff.) schlägt vor, sie als bonapartistisch oder als (bonapartistisch-)faschistische Regime zu charakterisieren, weil die Monarchen – auch aufgrund des Drucks faschistischer Bewegungen – die Funktion von faschistischen Führern einnahmen, faschistische Parteien als Top-Down-Projekte gründeten, faschistische Ideologieelemente übernahmen und z.T. antisemitische Gesetze einführten. Die Autorität der rechtsautoritär-monarchistischen Regime und die fehlenden legalen Entfaltungsmöglichkeiten der Faschisten verhinderten jedoch die Machtübernahme radikal-faschistischer Bewegungen auf parlamentarischer Ebene. Wenn sie doch an die Macht gelangten, dann erst im Kontext des Zweiten Weltkrieges und auf Druck Italiens oder Deutschlands.

Beispiel *Ungarn:* Das Land musste nach dem Zusammenbruch der österreichisch-ungarischen Monarchie auf 70 Prozent seines Staatsgebietes verzichten; offiziell war es eine Monarchie, allerdings ohne König. Als sogenannter Reichsverweser fungierte ab März 1920, nach der Niederschlagung der ungarischen Räterepublik, der ehemalige Admiral Miklós Horthy. Unter seiner Führung wurde in Ungarn eine parlamentarisch verbrämte Diktatur errichtet, die mit zahlreichen sozialen, wirtschaftlichen (geringe Industrialisierung, unproduktive Landwirtschaft etc.) und politischen

Problemen zu kämpfen hatte. In den 1930er Jahren orientierte sich Horthy immer stärker am faschistischen Deutschland, weil er sich dadurch eine Durchsetzung seiner revisionistischen außenpolitischen Ziele erhoffte. Innenpolitisch wurde ab 1938 eine an die Nürnberger Gesetze angelehnte antisemitische Gesetzgebung eingeführt. Den Aufstieg der nationalsozialistischen »Partei des Nationalen Willens« von Szalási – das an das Hakenkreuz angelehnte Logo gab ihnen den Namen Pfeilkreuzler – tolerierte man zunächst. Im Unterschied zu anderen faschistischen Bewegungen Europas konnten die Pfeilkreuzler ihre soziale Basis zu einem erheblichen Anteil (40 Prozent) aus Arbeitermilieus rekrutieren. Nachdem Horthy zunächst an der Seite Nazideutschlands am Überfall auf die Sowjetunion beteiligt gewesen war, nahm er nach dem Sturz Mussolinis Verhandlungen mit den Alliierten und der Sowjetunion auf. Deutsche Truppen besetzten daraufhin Ungarn und nahmen Horthy gefangen. Neuer Ministerpräsident und »Führer« wurde Szalási. Die Deportation der Juden in die Vernichtungslager wurde nun verschärft vorangetrieben. Die Pfeilkreuzler massakrierten aus eigenem Antrieb ca. 50.000 Juden – und waren damit ähnlich brutal wie die unter Besatzung der Achsenmächte Deutschland und Italien an die Macht gelangten Ustascha-Faschisten in Kroatien.

Rumänien: Die mystisch-religiös orientierte Eiserne Garde in Rumänien hingegen gelangte, nachdem König Carol II. ins Exil getrieben worden war, in einem Bündnis mit General Ion Antonescu im Sommer 1940 an die Macht. Doch das Bündnis währte nur kurz: Antonescu konnte die Eiserne Garde auf blutige Weise ausschalten, wobei er auch die Unterstützung von Hitler fand, der in ihm einen besseren Kriegsverbündeten sah.

Baltische und osteuropäische Staaten: Die zahlreichen faschistischen Bewegungen in den baltischen und osteuropäischen Staaten haben den marxistischen Autor Arkadij Gurland 1931 dazu veranlasst, diese Ausbreitung auf »ein Zuwenig an Kapitalismus, an Industrialisierung, an industrialisiertem Proletariat« zurückzuführen – was offenkundig anderen marxistischen Auffassungen widerspricht. Für dieses Argument scheint zu sprechen, dass in der Tat in den vorwiegend agrarischen Ländern Osteuropas zahlreiche faschistische Bewegungen entstanden. Doch ist umstritten, ob das an diesen spezifischen sozio-ökonomischen Faktoren lag oder andere ideologische (Verbreitung des Antisemitismus in Osteuropa) oder politische (Existenz von vielen nationalen Minderheiten auf dem Gebiet von ehemaligen Vielvölkerreichen) Ursachen hatte. So verwirft Wippermann (2009: 165 f.) die These Gurlands, indem er auf die mangelnde Verbreitung und Umsetzung der parlamentarischen Demokratie und auf die mangelnde Herausbildung moderner Nationalstaaten verweist. Er verkennt allerdings, dass diese Prinzipien einen sozialen Träger – eine starke bürgerliche Klasse – benötigen. Und diese wiederum kann sich nicht herausbilden, ohne einen gewissen Grad eines industrialisierten Kapitalismus erreicht zu haben. So gesehen wäre Gurlands These nicht widerlegt. Gegen Gurland spricht indes, dass die meisten faschistischen Parteien nicht über das Bewegungsstadium hinausgekommen sind – und wenn doch, wie erwähnt, nur durch Intervention Italiens und Deutschlands. Dies ist darauf zurückzuführen, dass die parlamentarischen Systeme schwach ausgebildet waren, und somit die autoritären Monarchien/Regime in der Lage waren, die radikal-faschistischen Bewegungen zu unterdrücken. Allerdings zu dem Preis, dass sie selbst faschistische Praxen übernahmen.

Westeuropa

Ähnlich wie in Osteruropa gab es auch im Westen des Kontinents eine ganze Reihe von faschistischen Bewegungen, die nach dem Ersten Weltkrieg entstanden und zumindest teilweise realen Einfluss auf die politische Entwicklung ihrer Länder nahmen. Die Verbindung von Faschismus und sozialer und ökonomischer Krise lässt sich an dessen Aufstieg in der Zwischenkriegszeit nachvollziehen. In Großbritannien, Belgien, den Niederlanden und Norwegen gab es faschistische Parteien oder Bewegungen, die außer in Großbritannien zu Kollaborationspartnern der deutschen Besatzer im Zweiten Weltkrieg wurden. Auf sich gestellt sind diese Bewegungen nie über das Stadium 2 des »Modells Paxtons« – Verwurzelung der Bewegung im politischen System (vgl. Kap. I. 4.) – hinausgekommen.

Spanien: Die von 1939 bis 1975 währende Regierungszeit Francisco Francos wird häufig als Faschismus bezeichnet, wissenschaftlich ist diese Etikettierung jedoch umstritten. Zwar bildeten sich in Spanien im Zuge sozialer Unruhen und der auch hier vorherrschenden Revolutionsfurcht faschistische Parteien, keine von ihnen konnte zunächst indessen einen realen Masseneinfluss gewinnen. Unter José Antonio Primo de Rivera gelang zwar die Einigung dieser faschistischen Parteien zur sogenannten Falange, die sich äußerlich und in ihrem Aufbau am italienischen Faschismus orientierte. Aber die Falange war nicht der Hauptgrund für die italienische und deutsche Unterstützung des francistischen Putsches gegen die linke Regierung. Vielmehr ging es den Faschisten in Italien und Deutschland um die Demonstration militärischer Stärke und die Absicherung ihrer Rohstoffinteressen. Dennoch wurde Spanien zu einem ersten internationalen Kampffeld zwischen Faschismus und Antifaschismus, da sich

Antifaschisten aus zahlreichen Ländern am Kampf gegen Franco beteiligten. Die Falange wurde Teil des rechten Lagers um Franco und erst jetzt gelang es ihr, einen nennenswerten Massenanhang zu gewinnen. Während des Bürgerkrieges und auch in den ersten Jahren danach übernahm der Francismus zahlreiche Elemente faschistischer Herrschaft. So den Terror gegen die Arbeiterbewegung, die Ausschaltung der demokratischen Parteien und die Abschaffung der Demokratie. Auch schloss sich Spanien 1939 dem Antikomintern-Pakt Italiens, Deutschlands und Japans an. Die faschistischen Züge des Regimes traten im Laufe der Zeit jedoch zugunsten einer klerikalen Diktatur in den Hintergrund, weshalb von einer Rückentwicklung eines in Ansätzen faschistischen Regimes zu einer autoritären Diktatur gesprochen wird (vgl. Wippermann 1983: 109 ff., Kühnl 1971: 156 f.).

Österreich: Österreich war durch die Niederlage im Ersten Weltkrieg von einer europäischen Großmacht zu einem Kleinstaat geworden, dessen ökonomische Überlebensfähigkeit fraglich erschien. Die politische Labilität der Nachkriegsentwicklung hat u. a. hierin ihre Ursachen. Mindestens zwei faschistische Parteien bzw. Bewegungen kamen in Österreich zu Einfluss: die am italienischen Faschismus orientierte Heimwehrbewegung, die sich als paramilitärische Truppe aus ehemaligen Angehörigen der Armee zusammensetzte und sich der Bekämpfung der Arbeiterbewegung verschrieb. Daneben und in Konkurrenz dazu hatte sich, orientiert am deutschen Vorbild, ein Ableger der NSDAP gegründet, in dem sich die deutschnationalen Anhänger eines Anschlusses Österreichs an Deutschland sammelten. Größere Bedeutung erlangten beide Bewegungen im Zuge der Krise des demokratischen Systems ab 1933. Der Kanzler Engelbert Dollfuß schaltete – ähnlich wie in Deutschland Heinrich Brüning –

das Parlament weitgehend aus und regierte mit Ermächtigungsgesetzen. Nacheinander ging er gegen die Sozialdemokratie wie auch gegen die NSDAP vor, was zunächst den Heimwehren zum Vorteil gereichte. Dollfuß wurde in einer Putschaktion im Juli 1934 von Nationalsozialisten ermordet, was allerdings aufgrund der fehlenden deutschen Unterstützung nicht zu deren Machtübernahme führte. Hitler wollte es sich zu diesem Zeitpunkt nicht mit Mussolini verderben, der sich als Garant der österreichischen Unabhängigkeit gab. Auch Dollfuß' Nachfolger Kurt Schuschnigg orientierte sich an Italien und gründete mit der »Vaterländischen Front« eine Sammlungsbewegung, die sich organisatorisch stark am deutschen Vorbild der NSDAP ausrichtete. Mit der Annäherung zwischen Italien und Deutschland wurde die eigenständige Rolle eines präfaschistischen Österreichs immer problematischer und endete schließlich mit dem umjubelten Einmarsch deutscher Truppen im März 1938. Trotz der Bezeichnungen »Austrofaschismus«, »Heimwehrfaschismus« oder – aufgrund der starken Unterstützung durch die Katholische Kirche – »Klerikalfaschismus« ist die Einordnung der österreichischen Entwicklung bis 1938 als faschistisch fragwürdig. Von einer originären Massenbewegung konnte keine Rede sein, unabhängige Führer waren weder Dollfuß noch Schuschnigg, und zudem wurden keine faschistischen Ideologiemomente eigenständig entwickelt. Dennoch spielten die vorhandenen faschistischen Bewegungen eine wichtige Rolle für die Auflösung der Demokratie und den Anschluss an das faschistische Deutschland. Dem Stadien-Schema Paxtons zufolge befanden sie sich in der Phase 3: dem Griff nach der Macht (vgl. Wippermann 1983: 80 ff.).

Frankreich: In Kapitel I. 1. zeigten wir mit Sternhell, dass die gegenrevolutionäre Tradition Frankreichs eine der Quellen der faschistischen Ideologie in Italien war. So ist es nicht verwunderlich, wenn in Frankreich eine Urform der faschistischen Bewegung auszumachen ist – die Action Française. Schon 1899 gründete sich im Zuge der antisemitischen Dreyfus-Affäre die Organisation unter ihrem Führer Charles Maurras und wurde zu einem frühen Kristallisationspunkt der faschistischen Rechten. Ihr sind nationalistische, antisemitische, teils antikapitalistische und syndikalistische Grundzüge zu attestieren. Mit den »Camelots du Roi« hatte die Action Française bereits eine militante Parteitruppe, die gewaltsam gegen die politischen Gegner vorging. Ideologisch und politisch-organisatorisch finden sich hier sicherlich Vorläufer späterer Faschismen – auch französischer Spielarten der Zwischenkriegszeit. Dass diese in Frankreich, trotz des Vorlaufs der Action Française, nicht zu einer starken Kraft wurden, hat auch etwas mit der sehr viel besseren ökonomischen Situation des Landes am Ende des Ersten Weltkriegs zu tun, die nicht vergleichbar war mit den Krisen in Italien und Deutschland. In den Folgejahren der Weltwirtschaftskrise von 1929 spielten faschistische Organisationen und Parteien wieder eine größere Rolle in Frankreich und wurden auch von Teilen der herrschenden Klasse als Reaktion auf die linke Volksfrontregierung von 1936 unter Léon Blum unterstützt. Jedoch kam es zu keinem wirklichen Griff nach der politischen Macht, und auch von einem wirklichen Masseneinfluss kann nicht die Rede sein. Die Kollaborationsregierung unter Marschall Pétain in Vichy ist nicht als faschistisch zu bezeichnen (vgl. Wippermann 1983: 124 ff., Nolte 1990: 61 ff.).

So wie in Frankreich die faschistischen Parteien und Gruppierungen nicht über das Stadium der Verwurzelung im politischen System hinauskamen, so konnten auch in den meisten anderen Ländern Europas faschistische Parteien zwar Fuß fassen, ohne aber eine massenbasierte autonome Rolle zu spielen, die schließlich den Weg zur Macht eröffnet hätte. Der kurze Blick auf Europa zeigt, dass die historische Spezifik Italiens und Deutschlands als zentrale Voraussetzung für die Machterlangung des Faschismus in diesen Ländern angesehen werden muss, wenngleich der Faschismus weit über Italien und Deutschland hinaus eine politische Rolle spielte.

III. Faschismus heute

Der Faschismus als Träger von politischer Macht existiert momentan nicht – und dennoch ist der Faschismus als Ideologie und politische Bewegung nicht tot. Ob er heute noch das Potenzial und die objektive Möglichkeit hat, zur Macht zu gelangen, das ist die entscheidende Frage. Um es frei nach Brecht zu formulieren: Der Faschismus ist weit in den Schoß, dem er entstammt, zurückgekrochen, ohne dass sich ausmachen lässt, wie fruchtbar der Schoß heute ist.

Was bleibt, sind Fragen: Ist der Faschismus beispielsweise ein geeigneter – Epochen übergreifender – Begriff, um derzeitige Erscheinungen angemessen zu beschreiben? Oder ist Faschismus ein Terminus, der für eine geschichtlich abgeschlossene Epoche steht. Der Historiker Ernst Nolte (1990: 25) sprach sich in seiner 1963 erstmals erschienenen Studie »Der Faschismus in seiner Epoche« für letzteres aus: »Denn wenn es nach 1945 noch Faschismus gab und gibt, … so kann man ihm doch keinesfalls eine für das Bild der Epoche wesentliche Bedeutung zuschreiben, es sei denn, man entkleidete den Begriff weitgehend des überlieferten Gehaltes.«

Die entscheidende Frage bei dieser Aussage ist, was wesentlich für das Bild einer Epoche ist? Im Jahre 1914 war der Faschismus schließlich auch noch kein Epochen prägendes

Phänomen, während das zehn bzw. 20 Jahre später völlig anders aussah. Es kommt also darauf an zu prüfen, ob faschistische Ideologie- und Politikelemente heute organisiert vorhanden sind und ob sie das Potenzial haben, in einer spezifischen Krisensituation die Politik entscheidend zu beeinflussen.

Für Noltes Einschätzung spricht, dass der Faschismus ohne Zweifel zwischen 1918 und 1945 insbesondere Europa seinen Stempel aufgedrückt hat, während dies für die Zeit danach nicht der Fall ist. Zwar gab es zeitweilig mehr (neo-) faschistische Organisationen als in der Zwischenkriegszeit, allerdings waren diese in der Regel einflusslose Kleinstorganisationen, die nicht über das Stadium 1 des Modells von Paxton – Entstehung einer Bewegung (vgl. Kap. I.4.) – hinauskamen. Entscheidend ist jedoch, wie Faschismus – als Bewegung und als Regime – definiert wird. Die Diskussion darüber wurde im Zuge der Studentenrevolte von 1968 bisweilen mit mehr Leidenschaft denn analytischem Gehalt geführt. Das hatte zur Folge, dass von Seiten der Linken der Begriff eine inflationäre Anwendung fand (woran auch Differenzierungsversuche nichts änderten, die mit Begrifflichkeiten wie Faschisierung, faschistoid etc. arbeiteten). Im Grunde diente der Faschismusvorwurf häufig als politisch-moralisch schärfere Verurteilung des Kapitalismus (eine ähnliche Funktion hat häufig der Begriff Imperialismus). Bürgerliche Interpreten nutzen diesen Umstand dazu, das Kind mit dem Bade auszuschütten, sprich den Zusammenhang von herrschender bürgerlicher Klasse und Faschismus gänzlich in Abrede zu stellen. Eine vernünftige Diskussion der Frage, ob die Kategorie Faschismus heute noch sinnvoll ist, muss sich also zwischen den Polen inflationär-moralischer Anwendung und Preisgabe einer kapitalismus- und herrschaftskritischen Fundierung bewegen. Hinzu kommt, dass eine Abgrenzung zu anderen Begriffen unerlässlich ist, die politische Rechtsentwicklungen charakterisieren. Konkret: Was unterscheidet Faschismus vom Rechtsextremismus, was vom Rechtspopulismus oder vom Islamismus?

Nähern wir uns diesen Fragen, indem wir zunächst wesentliche Voraussetzungen des historischen Faschismus Revue passieren lassen. In Italien und Deutschland gelangte der Faschismus in einer Krisensituation der jeweiligen kapitalistischen Staaten an die Macht und wurde von der herrschenden Klasse als Schutz vor sozialen Unruhen und zur Abwehr des Einflusses der Arbeiterbewegung angesehen. Diese Vorbedingungen sind gegenwärtig in Europa offensichtlich nicht gegeben. Als objektive Voraussetzung des Faschismus wird überdies häufig auf die Sonderwegstheorie verwiesen, d.h. auf verspätete Nationen, die in Übergangskrisen zur kapitalistischen Moderne besonders aggressiv auf territoriale Expansion drängten. Zwar sind die heutigen globalen Strukturen weiterhin von ungleichzeitigen Entwicklungen und globalen Ungleichgewichten gekennzeichnet, doch angesichts von Globalisierung, dem Übergang vom Fordismus zum Postfordismus, der Herausbildung eines finanzmarktgetriebenen Kapitalismus etc. sind die aktuellen kapitalistischen Strukturen mit denen der Zwischenkriegszeit kaum noch zu vergleichen. Auch kann man die Tauglichkeit eines traditionellen Imperialismusbegriffs diskutieren. Treffender scheint heute zumindest das Bild eines kollektiven Imperialismus zu sein, der die zwischenimperialistische Konkurrenz zwar nicht beseitigt, sie aber überlagert und ihre kriegerische Austragung ausschließt.

Eine weitere Vorbedingung für die historischen Faschismen war der Eintritt der Massen in die Politik und die damit einhergehende Nationalisierung derselben, nachdem die

Linke durch das Aufkommen faschistischer Massenbewegungen und die Beteiligung an bürgerlichen Regierungen ihr Monopol auf Systemveränderung aus dem 19. Jahrhundert verloren hatte. Die Zeit nach dem Ersten Weltkrieg war die Zeit eines intensiven öffentlichen Engagements weiter Teile der Bevölkerung sowohl auf der Linken als auf der Rechten. Heute hingegen ist die Situation für die meisten westlichen Staaten wohl angemessener – ohne eine widerspruchsfreie Tendenz nahezulegen – mit einer Abwendung von Teilen der Massen von der etablierten Politik und dem politischen System zu charakterisieren. Das führt zu einer weiteren Voraussetzung für den Faschismus, wie wir ihn in der Zwischenkriegszeit kennengelernt haben: Faschismus war eine Bewegung, die sich in erster Linie gegen die systemoppositionelle Massenbewegung der sozialistisch-kommunistischen Linken wandte. Materielle Realität hatten die Ziele der kommunistischen Parteien in der Existenz der Sowjetunion gefunden. Heute gilt dieser Versuch einer Alternative zum Kapitalismus zwar zu Recht als gescheitert. Damals jedoch hatte er, insbesondere während die kapitalistischen Staaten mit der Weltwirtschaftskrise zu kämpfen hatten, eine große Ausstrahlungskraft. Erst als der Realsozialismus 1989/91 implodierte, war der Bourgeoisie die Angst vor einem alternativen Wirtschaftssystem erst einmal genommen. Die kommunistische Linke, schon lange keine Massenbewegung mehr, zerfiel endgültig in einflusslose Parteien und Kleingruppen, die nominell sozialistischen (und sozialdemokratischen) Parteien vollzogen de facto eine neoliberale Wendung. Das heißt: Die Bourgeoisie benötigt keine faschistische Partei oder Bewegung, weil derzeit kein nennenswerter sozialer Träger existiert, der den Kapitalismus grundlegend infrage stellt. Wenn man Faschismus mithin auf die Facetten von Antimarxismus und Antikommunismus reduziert, scheinen wir es mit einem historischen Begriff zu tun zu haben. Sein Ziel – die Ausschaltung des Marxismus und der Arbeiterbewegung – ist bis auf weiteres erreicht (was nicht bedeutet, dass es keinen Antikommunismus mehr gibt – im Gegenteil scheint dieser zur nachträglichen Delegitimierung der realsozialistischen Versuche und zur prophylaktischen Diskreditierung von Alternativen zum Kapitalismus notwendig zu sein).

Eine weitere Voraussetzung des historischen Faschismus – das Gefühl nationaler Demütigung – ist ebenfalls gegenwärtig nicht mehr von Relevanz. Zumindest, was die führenden westlichen kapitalistischen Staaten anbetrifft. In ökonomischer Hinsicht sprechen des Weiteren der relative wirtschaftliche Wohlstand, die Ausbildung der Wohlfahrtsstaaten nach 1945 und der damit verbundene konsumorientierte Materialismus sowie die Individualisierung und gesellschaftliche Atomisierung gegen die Herausbildung von Situationen, die das Heraufziehen einer neuen faschistischen Gefahr begünstigen. Nicht zuletzt haben demokratische und soziale Werte in den Staaten des historischen Faschismus inzwischen eine normative Verankerung erfahren. Und angesichts von Holocaust und Vernichtungskrieg hat der Faschismus selbst dazu beigetragen, dass er von den meisten Menschen weltweit moralisch geächtet wird.

Diese wesentlich veränderten Vorbedingungen sprechen folglich zurzeit gegen eine weitere Verwendung des Faschismusbegriffs im Sinne einer realen Machtoption in den westlichen Staaten. Die folgenden jedoch dafür: Da sind zum einen die Instabilitäten der polit-ökonomischen Ordnungen und die Wirkungslosigkeit alter politischer Optionen. Zwar ist von einem Ende der (neo)liberalen Ordnung auch angesichts der vielfältigen weltweiten Krisen (Finanz-, Klima-,

Pandemiekrise) seit 2008 noch nicht auszugehen. Risse im System des Finanzmarktkapitalismus, ein Schwinden des aktiven Konsenses der subalternen Klassen zu dieser Herrschaft, sind hingegen wahrnehmbar. Damit einher geht die Erschöpfung der herkömmlichen politischen Handlungsmöglichkeiten. Die bürgerliche Klasse scheint angesichts der sich überlagernden, Krisen kein Projekt zu haben, welches einen Ausweg erkennen lässt, wie es beispielsweise der New Deal während der Krise ab 1929 war. Ob ein »Green New Deal« ein solches Projekt sein kann, bleibt abzuwarten. Die aktuellen Debatten über die Krise der Repräsentation, Postdemokratie – die Umgehung demokratischer Entscheidungsstrukturen bei gleichzeitiger Fortexistenz demokratischer Institutionen –, die bereits erwähnte Politikverdrossenheit, abnehmende Wahlbeteiligungsquoten sowie die Unterstellung von Staaten unter das Diktat von internationalen Finanzinstitutionen sind Belege für die Aushöhlung liberaler politischer Systeme. Hinzu kommen Umfrageergebnisse, die eine große und zunehmende Unzufriedenheit mit kapitalistischen bzw. marktwirtschaftlichen Ökonomien zum Ausdruck bringen, freilich ohne dass sich daraus automatisch linke Optionen ergeben (vgl. Heitmeyer 2002ff.). Angesichts des Aufstiegs einer modernisierten radikalen Rechten wird von einigen Autorinnen und Autoren die Frage nach einem neuen Bonapartismus gestellt (vgl. Beck/Stützle 2018).

Historisch war der Faschismus vor allem in relativ »jungen« Staaten mit unbefriedigten außenpolitischen Ambitionen und in solchen mit wenig gefestigten demokratisch-parlamentarischen Erfahrungen erfolgreich. Dieser Aspekt ist auch heute noch für die Existenz von faschistischen Organisationen von Bedeutung, was ein Blick insbesondere nach Ungarn verdeutlicht.

In Kapitel I. 4. wurden Mindestbedingungen für eine Definition von Faschismus angeführt. Wenn diese zugrunde gelegt werden, so lassen sich insbesondere Punkt 1 betreffend über 1945 hinausweisende bis heute reichende ideologische Kontinuitäten auffinden. Nationalismus, Antisemitismus, Rassismus und sozialdarwinistisches Denken sind auch derzeit nicht nur in der extremen Rechten, sondern zunehmend in der Mitte der Gesellschaft virulent, wie das Forschungsprojekt »Deutsche Zustände« oder Studien der Friedrich-Ebert-Stiftung in erster Linie für Deutschland, aber auch für weitere europäische Staaten gezeigt haben. Ebenso verbreitet sind weiterhin autoritäre Verhaltensweisen und Einstellungen sowie die damit verbundene Etikettierung von »Fremdgruppen« als Sündenböcke. Auf ideologischer Ebene finden sich also nach wie vor Voraussetzungen für faschistisches Denken. Zu einer faschistischen Bewegung im politischen Sinne werden sie aber erst, wenn sie einen organisatorisch gebündelten Ausdruck finden.

Neofaschismus

Gemessen an den im Kapitel I. 4. formulierten Mindestbedingungen für Faschismus hat es nach 1945 zahlreiche faschistische Bewegungen und Parteien gegeben – und auch gegenwärtig lassen sich solche nachweisen. Allerdings ist keine dieser Bewegungen oder Parteien seitdem jemals an den von Paxton genannten Punkt 3, den Griff nach der Macht, herangekommen.

In Italien hatte es die Nachfolgepartei des Movimento Sociale Italiano (MSI), die zum wiederholten Mal umbenannte Alleanza Nazionale (AN), zwischenzeitlich zum langjährigen Regierungspartner Silvio Berlusconis gebracht. Der MSI galt in Italien seit 1946 als Erbe des Faschismus und war das ideologische und personelle Sammelbecken für alle, die an den Vorstellungen der Mussolini-Zeit festhalten wollten. Aus diesem Grund stand der MSI bis zur Implosion des Parteiensystems der Nachkriegszeit 1992 die meiste Zeit am Rande des politischen Spektrums, wenngleich sich die Konservativen nicht scheuten, die Faschisten Anfang der 1960er Jahre als Mehrheitsbeschaffer zu nutzen. Mit dem Zusammenbruch des alten Parteiensystems änderte sich dies; damit einher ging aber auch eine massive Veränderung des MSI. Unter der Führung von Gianfranco Fini wandelte sich die Organisation und später die AN in den 1990er Jahren von einer faschistischen zu einer eher konservativen Partei. Spätestens seit Beginn der 2000er Jahre konnte die AN nicht mehr durchgehend als faschistisch bezeichnet werden, was auch für ihren heutigen Nachfolger Frattelli d'Italia (FdI) gilt.

Dennoch gibt es in Italien eine ganze Reihe faschistischer Kleinparteien, die nach wie vor viele Züge des historischen Faschismus aufweisen. Berlusconi scheute sich bei Wahlen nie, auch diese mit in seine rechte Sammlungsbewegung aufzunehmen, ohne dass sie dort einen realen Einfluss hatten. Deutlich wird hier der unterschiedliche Umgang mit dem Faschismus in Italien und Deutschland (vgl. Mattiolli 2010), denn keine deutsche politische Organisation könnte es sich derzeit leisten, mit einer Vereinigung wie der Nationaldemokratischen Partei Deutschlands (NPD) Bündnisse einzugehen.

In Deutschland gab und gibt es eine ganze Reihe von parteipolitischen Bestrebungen, die explizit an faschistische Politikmodelle anknüpf(t)en. Neben der 1952 verbotenen Sozialistischen Reichspartei (SRP), die in direkter ideologischer und personeller Kontinuität zur NSDAP stand, und diversen Kleinstparteien ist hier vor allem die 1964 gegründete NPD zu nennen. Auch für diese lässt sich in der Frühphase eine starke personelle und ideologische Kontinuität zum Nationalsozialismus nachweisen, obwohl sich die Partei in dieser Zeit keineswegs der scheinrevolutionären Attitüde des Frühfaschismus etwa im Stile der NSDAP verschrieben hatte. In diesem Sinne ist der faschistische Stil der heutigen NPD wesentlich ausgeprägter.

Als Merkmale faschistischer Bewegungen wurden von uns die Aspekte (1) ideologische Bezugspunkte, (2) soziale Basis, (3) organisatorische Ausrichtung, (4) soziale Funktion und (5) politische Praxis genannt (vgl. Kap. I. 4.). Alle unter (1) genannten inhaltlichen Aspekte lassen sich in der NPD finden, insbesondere der völkische Nationalismus, eine rassistische bzw. ethnisch begründete Vorstellung von Ungleichheit, Antikommunismus, Antisemitismus und Antiliberalismus. Die soziale Basis der NPD war war auch in ihren wahlpolitisch relativ erfolgreichen Zeiten zwischen 1966 und 1969 sowie 2004 und 2011 schmaler als die der NSDAP, und der Anteil von prekär Beschäftigten und Arbeitslosen hoch, auch wenn sie nach wie vor klassische Angehörige des Mittelstands erreichte. In organisatorischer Hinsicht lässt sich vor allem in der Verbindung der NPD mit dem Kameradschaftsspektrum eine quasi paramilitärische Ausrichtung feststellen, die die Einschüchterung politischer Gegner und die Durchführung rassistischer Überfälle einschließt und damit Ähnlichkeiten mit den frühen SA-Schlägertrupps aufweist. Von einer Führerorientierung lässt sich nach wie vor sprechen, allein mangels charismatischer Persönlichkeiten erscheint die Partei eher als führer- und führungslos. Da die NPD weit von der politischen Macht entfernt ist und gegenwärtig am Rande der Bedeutungslosigkeit dämmert, überwiegt bei ihr deutlich der völkische Antikapitalismus, dessen soziale Funktion sich objektiv gegen linke antikapitalistische Vorstellungen richtet.

Die von der NPD formulierten politischen Vorstellungen legen eine Praxis an der Macht nahe, wie sie vom historischen Faschismus bekannt ist.

Ohne Zweifel kann folglich die NPD (ebenso wie »Der dritte Weg« und »Die Rechte«) als faschistische oder neofaschistische Partei bezeichnet werden, und gerade hierin könnte der Grund liegen, warum sie auf absehbare Zeit keine realistische Machtoption besitzt. Wenn es richtig ist, dass der Faschismus nur im Bündnis mit den alten Eliten und in einer spezifischen politischen und ökonomischen Situation zur Macht gelangen kann, so ist keine dieser Voraussetzungen gegeben. Die oben angeführten veränderten Bedingungen für Kapitalismus, Nationalstaaten, Rolle der Massen sowie normative Verankerung von demokratischen Prinzipien lassen faschistische Lösungen momentan als obsolet erscheinen. Angesichts der dem Kapitalismus immanenten Krisen, die durchaus elementare Züge annehmen können, lässt sich aber nicht ausschließen, dass solche Lösungen zukünftig wieder an Attraktivität gewinnen könnten.

Das größte Potenzial scheint der Faschismus in Europa derzeit in den ökonomisch und national nicht gefestigten Ländern Osteuropas zu haben. Die Entwicklung in Ungarn gibt Anlass zu Besorgnis, da sich hier mit der FIDEZ eine rechtskonservative Regierungspartei, ausgestattet mit einer Zweidrittelmehrheit, kontinuierlich radikalisiert hat und sich daran macht, demokratische Standards zu relativieren und den liberalen Verfassungsstaat nach und nach im autoritären Sinne zu verändern. Parallel hatte sich mit Jobbik eine Partei etabliert, die inhaltlich und in ihrem Stil an ungarische faschistische Bewegungen aus der ersten Hälfte des 20. Jahrhunderts anknüpfte. Der Aufbau einer Parteimiliz (Garden), die Uniformierung, der ideologische Bezug auf Antisemitismus und Antiziganismus waren eindeutige Anknüpfungen an faschistische Vorläufer. Inzwischen ist Jobbik aufgrund der Rechtsradikalisierung von FIDEZ jedoch weiter in die Mitte gerückt und distanziert sich von den faschistischen Wurzeln. Sollte sich die ökonomische und soziale Krise in Europa massiv verschärfen, könnte es zu Renationalisierungstendenzen kommen, in denen dann – zumindest in den instabilsten und ökonomisch gefährdetsten Ländern – faschistische Bewegungen realen Einfluss erlangen könnten.

Rechtspopulismus

Seit etwa Anfang der 2000er Jahren lässt sich ein relativ kontinuierlicher Aufstieg von Parteien in Europa beobachten, die häufig rechtspopulistisch genannt werden. Die Freiheitliche Partei Österreichs (FPÖ) gilt als Paradebeispiel dieser Entwicklung, aber auch die Dänische Volkspartei, die italienische Lega, die Schweizerische Volkspartei (SVP) oder aktuell die Alternative für Deutschland (AfD) müssen in diesem Zusammenhang genannt werden. Der Aufstieg rechtspopulistisch agierender politischer Führungsfiguren, wie Donald Trump in den USA, Jair Bolsonaro in Brasilien oder Narendra Modi in Indien, fällt ebenfalls in diese Entwicklung (vgl. Beck/Stützle 2018). Neu an diesem Partei- und Politikertyp, der sich inhaltlich auf zahlreiche Ideologiemomente der extremen Rechten zurückführen lässt, ist ihr Politikstil, der sich deutlich vom verstaubten Auftreten neofaschistischer Parteien unterscheidet. So gelang es einzelnen Parteien in den 1990er Jahren, popularisierte Elemente des Neoliberalismus in ihre Programmatik aufzunehmen. Damit wurden sie anschlussfähig für konservativ-liberale Parteien. Überdies schafften es die erfolgreichen Parteien dieser extremen und populistischen Rechten, sich als Außenseiter des Politikbetriebs darzustellen und von dem weit verbreiteten Misstrauen gegenüber der etablierten Politik zu profitieren. Mit Beginn des 21. Jahrhunderts und der Rückkehr der sozialen Frage in Gestalt von Prekarisierung, Abbau des Sozialstaats und zunehmender Polarisierung der Einkommensverhältnisse in die politische Arena zeigte sich die ideologische Flexibilität dieser Gruppierungen: Sie vermochten es nun, völkisch gewendet auch soziale Elemente in ihre Politik aufzunehmen – teilweise, ohne dabei die neoliberalen Positionen aufzugeben.

Die inhaltliche und auch klassenmäßige Basis der europäischen Rechten ist äußerst heterogen. Vielen erfolgreichen Parteien gelingt es, sowohl traditionelle Teile der subalternen Klassen als auch gut situierte Mittelklassen anzusprechen. Verbindendes Element aller Parteien der extremen und populistischen Rechten ist ein massiver Rassismus, der als Lösung aller sozialen und gesellschaftlichen Probleme angeboten wird. Die Ethnisierung der sozialen Frage ist das Erfolgsgeheimnis der extremen Rechten, mit dem sie angesichts der verstärkten Migrationsbewegung nach Europa offensichtlich sehr viel besser das politische Feld besetzen kann, als es einer sozialistischen Linken gegenwärtig möglich ist. Dieser Rassismus, der sich aktuell vor allem in seiner antimuslimischen Form zeigt, reicht jedoch nicht aus, um generell von faschistisch orientierten Parteien im traditionellen Sinne sprechen zu können.

In der Forschung haben sich in den letzten Jahren neue Ansätze etabliert, die die politischen und ideologischen Veränderungen extrem rechter Parteien untersuchen. Am eindringlichsten vorgetragen hat diesen Wandel eine Autorengruppe um den Wirtschaftswissenschaftler Herbert Schui (1997), die die Aneignung neoliberaler Ideologiemomente durch die extreme Rechte zum Thema machte. Unterschieden wird hier zwischen einer traditionellen und einer modernen Rechten. Während sich erstere nach wie vor am völkisch begründeten Nationalismus und an der gefühlssozialistischen Phraseologie in der Tradition des historischen Faschismus orientiere, habe sich letztere gewandelt: Nicht die systemoppositionelle Attitüde der am Faschismus orientierten Rechten, sondern die Verbindung neoliberaler Elemente mit klassischen Positionen der extremen Rechten sowie ein populistischer Politikstil seien das Erfolgsrezept der in diesem Sinne modernen Rechten. Allerdings lässt sich an Parteien wie der AfD beobachten, wie Anhänger neofaschistischer Orientierungen versuchen, diese erfolgreichen Formationen zu majorisieren und eine politische Linie in ihrem Sinne durchzusetzen. Insofern finden sich – nicht nur in der AfD – sehr wohl traditionelle faschistische Elemente.

Spätestens im Gefolge der Wirtschaftskrise seit 2008 ist auch die neoliberale Ideologie zumindest nicht mehr ungebrochen hegemonial. Das wird auch vom Rechtspopulismus reflektiert, der seit einigen Jahren sehr viele stärker die soziale Frage betont und sie im Sinne ihrer Ethnisierung beantwortet: Der Zugang zu Sozialleistungen soll an die ethnische Zugehörigkeit geknüpft werden.

Ohne Zweifel sind die hier skizzierten Parteien Teil der extremen Rechten, die im Sinne Schuis eine Modernisierung durchlaufen haben und als modernisierte radikale Rechte charakterisiert werden können. Eine durchgängige Klassifizierung als faschistisch würde jedoch den heterogenen Charakter zahlreicher dieser Parteien verkennen und für andere schlicht falsch sein (vgl. Candeias 2018). Formen des Autoritarismus kennzeichnen alle diese Parteien, aber nur einige stehen in genereller Opposition zur liberalen Demokratie. Elemente des demagogischen Antikapitalismus lassen sich finden, sind jedoch nicht dominant. Zwar handelt es sich um Parteien, die in weiten Teilen einen völkisch begründeten Nationalismus aufweisen. Andererseits sind die meisten dieser Parteien um eine deutliche Distanzierung vom historischen Faschismus bemüht und grenzen sich verbal vom Antisemitismus ab. Entscheidend ist jedoch: Es handelt sich mehrheitlich um keine systemoppositionellen Parteien, sondern um rechtskonservative Gruppierungen, die im Rahmen des bestehenden politischen Systems an einer Rechtsverschiebung arbeiten.

»Islamfaschismus«

Daran, dass der Islamismus eine reaktionäre, demokratiefeindliche, anti-individualistische und anti-aufklärerische Ideologie und Praxis ist, kann kein Zweifel bestehen. Dafür stehen insbesondere der 11. September 2001, zahlreiche weitere Terroranschläge und die Regierungspraxen im Iran, in Saudi-Arabien und zahlreichen anderen Ländern. Seit 9/11 werden Islamismus und islamischer Fundamentalismus zunehmend auch als Islamfaschismus oder Islamofaschismus bezeichnet. Das gilt vorwiegend für die politische Tagespublizistik, seltener benutzt ein Repräsentant der politischen Elite diesen Terminus, wie es George W. Bush getan hatte. In der Wissenschaft ist man da zurückhaltender. Der Faschismusforscher Wolfgang Wippermann lehnt zwar den Begriff Islamfaschismus ab, weil dieser die Wesensverwandtschaft einer Weltreligion mit dem Faschismus nahelegt, schlägt stattdessen aber den Ausdruck fundamentalistischer Faschismus vor. Er und weitere Befürworter dieser Analogisierung verweisen vor allem auf die antisemitisch-eliminatorische Ideologie, die Kennzeichen sowohl des historischen wie des vermeintlichen Islamfaschismus seien. Weitere Ähnlichkeiten bestünden in einer totalitären Grundausrichtung, einer rassistisch oder religiös bestimmten Heilslehre, in der Ablehnung des westlichen Materialismus, einer Gewaltkultur und der charismatischen Führerfigur. Kritisch betrachtet fällt auf, dass sich diese Merkmale überwiegend auf ideologische Aspekte beziehen. Kaum jedoch werden Fragen der sozialen Funktion, der klassentheoretischen Fundierung oder Aspekte des Verhältnisses von »Islamfaschismus« und traditioneller Elite sowie die Einbindung in die ungleiche Entwicklung des globalen Kapitalismus thematisiert. Doch selbst die angeführten Charakteristika werden mit überzeugenden Argumenten in Zweifel gezogen. Ein gewichtiges ist hierbei, dass im angeblichen Islamfaschismus die Kategorien Rasse, Volk und Nation keine Rolle spielen. Ab- und Ausgrenzungsmerkmal ist im Gegensatz zum Faschismus vielmehr die Religion, der sich eben auch Angehörige anderer Nationen und Völker anschließen können.

Der Begriff Islamfaschismus ist insofern als politischer Kampfbegriff einzuschätzen, der mehrere Probleme aufwirft: Zum einen besteht die Gefahr einer Relativierung des tatsächlichen Faschismus. Zum anderen finden ohnedies schon weitverbreitete antimuslimische Ressentiments weitere Nahrung. Darüber hinaus geraten die tatsächlichen sozialen, kulturellen und ökonomischen Ursachen für islamistisch motivierten Terrorismus nicht in den Blick. Der angebliche Islamfaschismus – nach Nationalsozialismus und Stalinismus auch dritter Totalitarismus genannt – übernimmt damit die für die Selbstlegitimierung der westlich-kapitalistischen Staaten so wichtige Feindbildfunktion, nachdem diese Rolle bis 1989 der Kommunismus gespielt hatte.

Fazit

Eine enge Auslegung des Faschismusbegriffs ist ratsam. Der Begriff ist gegenwärtig nur in Hinblick auf die Bewegungsphase geeignet, Phänomene angemessen zu beschreiben. Als Machtoption für die herrschende Klasse ist er aktuell nicht von Bedeutung. Das heißt nicht, dass politische Rechtsentwicklungen nicht als solche zu analysieren seien und dass unter Umständen ein neuer Faschismus – obzwar in anderer Gestalt und an anderen Orten wie der historische – in einer fundamentalen Krisensituation als Machtoption der traditionellen Elite nicht potenziell wieder attraktiv sein könnte. Doch lässt sich dies nicht an einzelnen Faktoren festmachen, sondern nur an einer widersprüchlichen Einheit von ökonomischen, sozialen, politischen und ideologischen Faktoren. Andernfalls versprechen Kategorien wie Rechtspopulismus oder islamischer Fundamentalismus mehr analytischen Gewinn. Das mindert keineswegs das politisch-moralisch begründete Engagement gegen die Gefahren von rechts. Und vor allem schützt eine strenge Anwendung des Faschismusbegriffs vor einer Inflationierung, die historisch schon einmal zu einer Unterschätzung der tatsächlichen faschistischen Gefahr beitrug.

Literatur

Beck, Martin / Stützle, Ingo (Hrsg.) (2018): Die neuen Bonapartisten. Mit Marx den Aufstieg von Trump & Co. verstehen, Berlin.

Broszat, Martin (1992): Der Staat Hitlers, 13. Auflage, München.

Candeias, Marion (Hrsg.) (2018): Rechtspopulismus, Radikale Rechte, Faschisierung. Bestimmungsversuche, Erklärungsmuster und Gegenstrategien, Materialien Nr. 24, Rosa-Luxemburg-Stiftung, Berlin.

Dimitroff, Georgi (1976): Die Offensive des Faschismus und die Aufgaben der Kommunistischen Internationale im Kampf für die Einheit der Arbeiterklasse gegen den Faschismus. Bericht auf dem VII. Weltkongreß der KI 2. August 1935, in: ders.: Ausgewählte Schriften 1933–1945, Köln.

Dörner, Bernward (2007): Die Deutschen und der Holocaust. Was niemand wissen wollte, aber jeder wissen konnte, Berlin.

Drobisch, Klaus u. a. (1973): Juden unterm Hakenkreuz. Verfolgung und Ausrottung der deutschen Juden 1933–1945, Berlin/DDR.

Eichholtz, Dietrich (1999): Geschichte der deutschen Kriegswirtschaft, 3 Bde., München.

Eichholtz, Dietrich / Gossweiler, Kurt (Hrsg.) (1980): Faschismus-Forschung. Positionen, Probleme, Polemik, Berlin/DDR.

Gentile, Emilio (2008): Fascismo. Storia e interpretazione, Roma/Bari.

Griffin, Roger (2006): Fascism's new faces (and new facelessness) in the »post-fascist« epoch, in: ders. / Werner Loh / Andreas Umland, Fascism Past and Present, West and East. An International Debate on Concepts and Cases inthe Comparative Study of the Extrem Right, Stuttgart, S. 29-67.

Groehler, Olaf (1992): Der Holocaust in der Geschichtsschreibung der DDR, in ders. / Herbert, Ulrich, Zweierlei Bewältigung: Vier Beiträge über den Umgang mit der NS-Vergangenheit in den beiden deutschen Staaten, Hamburg.

Heitmeyer, Wilhelm (Hrsg.) (2002 ff.): Deutsche Zustände, Frankfurt a. M./Berlin (insges. zehn Bände).

»Kennzeichen J.« (1966): Dokumente, Berichte zur Geschichte der Verbrechen des Hitlerfaschismus an den deutschen Juden 1933–1945, hrsg. von Helmut Eschwege. Mit e. Einl. von Rudi Goguel u. e. Chronik d. faschistischen Judenverfolgung von Klaus Drobisch, Berlin/DDR.

Kershaw, Ian (1994): Der NS-Staat. Geschichtsinterpretationen und Kontroversen im Überblick, Reinbek bei Hamburg 1994.

Klinkhammer, Lutz (Hrsg.) (2010): Die »Achse« im Krieg: Politik, Ideologie und Kriegführung, 1939–1945, Paderborn.

Kühnl, Reinhard (1966): Die Nationalsozialistische Linke 1925–1930, Meisenheim am Glan.

ders.: (1971): Formen bürgerlicher Herrschaft. Liberalismus – Faschismus, Reinbek bei Hamburg.

ders.: (2000): Der deutsche Faschismus in Quellen und Dokumenten, Köln.

ders.: (2002): Probleme einer Faschismusdefinition, in: Loh, Werner/ Wippermann, Wolfgang (Hrsg.), »Faschismus« – kontrovers, Stuttgart, S. 112-116.

Lenk, Kurt (1989): Deutscher Konservatismus, Frankfurt a. M./New York.

Mantelli, Brunello (2008): Kurze Geschichte des italienischen Faschismus, vierte Auflage, Berlin.

Mattiolli, Aram (2010): »Viva Mussolini!« Die Aufwertung des Faschismus im Italien Berlusconis, Paderborn.

Marx, Karl (1988): Der achtzehnte Brumaire des Louis Bonaparte, in: Marx/Engels-Werke (MEW), Bd. 8, 8. Auflage Berlin, S. 111-207.

Neitzel, Sönke/Welzer, Harald (2011): Soldaten. Protokoll vom Kämpfen, Töten und Sterben, Frankfurt a. M.

Neumann, Franz (1993): Behemoth. Struktur und Praxis des Nationalsozialismus, Frankfurt a. M.

Nolte, Ernst (1990): Der Faschismus in seiner Epoche. Action Française, Italienischer Faschismus, Nationalsozialismus, 8. Auflage der Neuausgabe, München.

Opitz, Reinhard (Hrsg.) (1977): Europastrategien des deutschen Kapitals: 1900–1945, Köln.

Pätzold, Kurt (Hrsg.) (1983): Verfolgung, Vertreibung, Vernichtung, Leipzig.

Pätzold, Kurt/Weißbecker, Manfred (2009): Geschichte der NSDAP 1920–1945, 3. verb. und erg. Aufl., Köln.
Paxton, Robert O. (2006): Anatomie des Faschismus, München 2006.
Payne, Stanley (2006): Geschichte des Faschismus. Aufstieg und Fall einer europäischen Bewegung, Wien.
Pollock, Friedrich (1981): Staatskapitalismus, in: Dubiel, Helmut/Söllner, Alfons (Hrsg.), Wirtschaft, Recht und Staat im Nationalsozialismus. Analysen des Instituts für Sozialforschung 1939–1942, Frankfurt a. M., S. 81-109.
Priester, Karin (1972): Der italienische Faschismus. Ökonomische und ideologische Grundlagen, Köln.
Projekt Ideologietheorie (2007): Faschismus und Ideologie, Hamburg.
Reichardt, Sven (2002): Faschistische Kampfbünde. Gewalt und Gemeinschaft im italienischen Squadrismus und in der deutschen SA, Köln, Weimar, Wien.
Röhr, Werner (2001): Faschismus und Weltkrieg. Problemskizze zur historischen Faschismusforschung in der DDR, Supplement der Zeitschrift Sozialismus 10/2001, Hamburg.
Roth, Karl Heinz (2004): Faschismus oder Nationalsozialismus? Kontroversen im Spannungsfeld zwischen Geschichtspolitik, Gefühl und Wissenschaft, in: Sozial.Geschichte, H. 2, S. 31-52.
Saage, Richard (2007): Faschismus. Konzeptionen und historische Kontexte. Eine Einführung, Wiesbaden.
Schieder, Wolfgang (2008): Faschistische Diktaturen. Studien zu Italien und Deutschland, Göttingen.
ders.: (2010): Der italienische Faschismus, München.
Schneider, Gabriele (2000): Mussolini in Afrika. Die faschistische Rassenpolitik in den italienischen Kolonien 1936–1941, Köln.
Schui, Herbert/Ptak, Ralf/Blankenburg, Stephanie/Bachmann, Günter/Kotzur, Dirk (1997): Wollt ihr den totalen Markt? Der Neoliberalismus und die extreme Rechte, München.
Sternhell, Zeev (1999): Die Entstehung der faschistischen Ideologie. Von Sorel zu Mussolini, Hamburg.
Tooze, Adam (2007): Ökonomie der Zerstörung. Die Geschichte der Wirtschaft im Nationalsozialismus, München.
VEJ (2008 ff.): Die Verfolgung und Ermordung der europäischen Juden durch das nationalsozialistische Deutschland 1933–1945, München.
Wippermann, Wolfgang (1983): Europäischer Faschismus im Vergleich 1922–1982, Frankfurt a. M.
ders. (2009): Faschismus. Eine Weltgeschichte vom 19. Jahrhundert bis heute, Darmstadt.